Filosofia da biologia

Coleção **PASSO-A-PASSO**

CIÊNCIAS SOCIAIS PASSO-A-PASSO
*Direção: Celso Castro*

FILOSOFIA PASSO-A-PASSO
*Direção: Denis L. Rosenfield*

PSICANÁLISE PASSO-A-PASSO
*Direção: Marco Antonio Coutinho Jorge*

*Ver lista de títulos no final do volume*

Karla Chediak

# Filosofia da biologia

ZAHAR

*Capa*
Sérgio Campante

CIP-Brasil. Catalogação na fonte
Sindicato Nacional dos Editores de Livros, RJ

C444f Chediak, Karla de Almeida
Filosofia da biologia / Karla Chediak. — 1ª ed. — Rio de Janeiro: Zahar, 2008.
(Passo-a-passo; v. 81)

Inclui bibliografia
ISBN 978-85-378-0054-6

1. Biologia — Filosofia. 2. Evolução (Biologia). 3. Evolução humana. I. Título. II. Série.

07-4709
CDD: 570.1
CDU: 57.011


EDITORA SCHWARCZ S.A.
Praça Floriano, 19, sala 3001 — Cinelândia
20031-050 — Rio de Janeiro — RJ
Telefone: (21) 3993-7510
www.companhiadasletras.com.br
www.blogdacompanhia.com.br
facebook.com/editorazahar
instagram.com/editorazahar
twitter.com/editorazahar

FSC
www.fsc.org
MISTO
Apoiando o manejo florestal responsável
FSC® C128038

A marca FSC® é a garantia de que a madeira utilizada na fabricação do papel deste livro provém de florestas que foram gerenciadas de maneira ambientalmente correta, socialmente justa e economicamente viável, além de outras fontes de origem controlada.

Esta obra foi composta por TopTextos Edições Gráficas em Minion e Frutiger e impressa em processo sob demanda pela Um Livro sobre papel offset para a Editora Schwarcz a partir de 2024

Sumário

Introdução 7

Adaptação 13

Indivíduo e unidade de seleção 25

Função 38

Evolução e cognição 49

Evolução e moral 62

*Leituras recomendadas* 76

*Sobre o autor* 83

Dedico e agradeço especialmente a Edgar Marques, pelo apoio, paciência, cuidadosas leituras e comentários. Agradeço a Alejandro Rosas Lópes, João Carlos Marques Magalhães, Paulo Abrantes e Ricardo Waizbort, pelos comentários e críticas.

# Introdução

A filosofia da biologia é um campo de pesquisa relativamente novo, apesar de o tema da vida ter sempre interessado aos filósofos. Ela vem se desenvolvendo desde as décadas de 1960 e 1970 e é fruto do interesse despertado pelas ciências biológicas devido, principalmente, às pesquisas relacionadas à evolução, à genética, ao desenvolvimento, à ecologia comportamental, entre outros.

Alguns dos principais tópicos abordados pela filosofia da biologia são voltados para o domínio de questões que dizem respeito diretamente ao objeto da biologia — a vida — e tratam de temas relacionados com a natureza, a diversidade e a evolução dos organismos, das populações e das espécies, incluindo a espécie humana. Outro conjunto de questões volta-se mais para a natureza da biologia enquanto ciência, sua especificidade e autonomia, como o problema do reducionismo.

O reducionismo em geral é apresentado como certo tipo de fisicalismo — o reducionismo epistemológico, por exemplo, sustenta que todas as coisas vivas, por serem primeiramente coisas físicas, podem ter sua explicação biológica substituída pela explicação física, e que, dessa forma, a biologia poderia ser reduzida a essa área. Essa posição não é considerada a mais adequada, uma vez que se reconhece haver relações e processos em biologia que não seriam explicitados ao se fornecer sua descrição física. Há, portanto, um tipo de fisicalismo não-reducionista para o qual é preciso que as explicações biológicas sejam coerentes com as explicações físicas; porém, não seria necessário, ao se formular uma explicação biológica, recorrer-se à física. Esse tipo de fisicalismo mínimo é amplamente aceito no domínio das pesquisas em filosofia da biologia, pois embora abrace a concepção de que todas as coisas existentes são constituídas pelo físico, reconhece a existência de entidades e propriedades específicas nos níveis mais altos que este, como o biológico.

Por ser uma disciplina voltada para questões filosóficas posta a partir da relação com a ciência da biologia, a filosofia da biologia está, de modo geral, comprometida com uma perspectiva naturalista. Embora seja um tema filosoficamente complexo, o naturalismo pode ser compreendido basicamente como a postura que considera que as teorias científicas devem ser levadas em conta quando se realizam as investigações filosóficas. Essa perspectiva não abarca todo o universo de trabalho da filosofia, mas é decerto a mais coerente com as atividades de pesquisa em filosofia da biologia.

Muitas vezes, o naturalismo é identificado com o cientificismo, que sustenta que as ciências podem fornecer uma visão completa de toda a realidade da natureza. Porém, se de fato as questões postas pela filosofia são distintas daquelas levantadas pela ciência, parece-nos improvável que um dia esta venha a substituir aquela. No entanto, a ciência pode tornar-se fonte de informação importante para a filosofia se é verdade que esta também não detém de modo absoluto o domínio reflexivo sobre a natureza em geral, sobre os sistemas vivos em particular e mesmo a espécie humana. Assim como uma visão puramente especulativa não se sustenta hoje, é também verdadeiro que as descrições advindas das ciências não são suficientes por si só. Desse modo, o naturalismo implica que a filosofia deve abrir-se para um diálogo com as ciências. Isso não significa necessariamente sujeição, mas o estabelecimento de uma relação, em que a cooperação ocorre através da confluência da reflexão filosófica, conceitual e das informações oriundas das ciências empíricas sobre as entidades reais do mundo natural.

Trabalhar junto com a ciência não significa tampouco supor a ciência como detentora de um conhecimento verdadeiro, mas significa aceitar que ela nos fornece as teorias descritivas mais importantes e confiáveis acerca do mundo natural hoje. Por isso, não há dúvida de que o naturalismo implica certo cientificismo, na medida em que reconhece a ciência como principal fonte de informação acerca dos entes naturais. A filosofia da biologia relaciona a abordagem filosófica à científica e é a partir dessa estreita relação, no que diz respeito à abordagem da vida, que apresenta seus temas, suas questões e seus conceitos.

Sem dúvida, uma das teorias mais importantes envolvidas, de forma direta ou indireta, com todos os temas tratados pela filosofia da biologia é a teoria da evolução. É central nas questões abordadas a idéia de que a diversidade das formas de vida existentes atualmente na Terra possui uma origem comum e foi sofrendo alterações ao longo da sucessão das gerações.

A concepção de evolução da vida remonta aos gregos, porém a compreensão moderna da evolução como descendência com modificação já era uma idéia comum na época de Charles Darwin (1809-82). Jean-Baptiste Lamarck (1744-1829) já acreditava que as espécies se alteravam ao longo das gerações e concebeu muitos fatores para explicar como se dava esse processo, incluindo o uso e desuso das partes e a herança dos caracteres adquiridos. Porém, foram Darwin e Alfred Wallace (1823-1913) que, de forma independente, conceberam o mecanismo da seleção natural. Darwin publicou sua obra mais importante, *A origem das espécies*, em 1859, em que defendia que a seleção natural era o principal mecanismo que explicava a fixação das variações nas populações naturais.

Apesar de ter passado por períodos de descrédito, o mecanismo concebido por Darwin para explicar a evolução ganhou novo reforço com o neodarwinismo. Os trabalhos de August Weismann (1834-1914) sobre a teoria da hereditariedade mostravam a separação entre o material hereditário e o material somático, eliminando com isso a hipótese da herança dos caracteres adquiridos e defendendo a seleção como a única força a atuar na mudança evolutiva. Na primeira metade do século XX, com a retomada dos trabalhos de Gregor Mendel (1822-84), unificou-se a concepção de que os genes são a unidade da hereditariedade e o mecanismo da seleção natural. A denominada Teoria Sintética da Evolução é vista como a união do neodarwinismo e a genética mendeliana. Ela supõe as variações genéticas, originadas por mutação e recombinação, sobre as quais atuaria a seleção natural, alterando a freqüência genética das populações.

Desde então, a teoria sintética tem sofrido muitos questionamentos, conduzidos, principalmente, a partir das pesquisas em biologia molecular e em biologia do desenvolvimento, pondo em xeque a tese central da teoria sintética de que o único mecanismo responsável pela evolução é a seleção natural. Hoje, outros fatores importantes são levados em conta quando se analisa o processo evolutivo, tais como o papel do acaso, a existência de outros fatores inseridos no processo de herança que não apenas genes e o papel da biologia do desenvolvimento na compreensão do processo evolutivo.

A teoria da evolução também levanta importantes questões quando consideramos que a espécie humana se originou por processo evolutivo. Sendo a espécie humana uma espécie natural, é muito provável que sua natureza biológica seja um fator relevante quando se consideram suas competências, relacionadas tanto com a atividade cognitiva quanto com a atividade prática.

De fato, as pesquisas em filosofia da biologia incluem hoje muitos temas diferentes, ainda que inter-relacionados; por isso, vamos dividi-los em quatro grupos apenas para organizar as questões tratadas com mais freqüência pela filosofia da biologia. No primeiro grupo, podemos reunir os temas diretamente relacionados com o conceito de evolução, como adaptação, unidade de seleção, aptidão, entre outros. Num segundo grupo, podemos reunir temas vinculados à evolução, mas que também podem ser tratados de forma mais ou menos independente da perspectiva evolutiva, como desenvolvimento, função, espécie etc. Em um terceiro grupo, podemos reunir os temas relacionados à compreensão da biologia como ciência, que tratam de problemas como o reducionismo, a natureza das explicações biológicas e das leis em biologia. E num quarto grupo, podemos reunir temas relacionados à espécie humana, como natureza humana, evolução da cultura, ética evolutiva e cognição.

Nesta obra, apresentamos uma breve introdução sobre cinco temas. O primeiro é a adaptação, em que procuramos discutir brevemente o que se compreende pelo termo e por um programa de pesquisa adaptacionista. O segundo tema tratado é a unidade de seleção e procuramos apresentar a discussão atual sobre em que nível a seleção natural atua; se ela atua apenas sobre um nível ou sobre vários e quais são os possíveis candidatos. O terceiro tema é a função, em que se analisam os principais sentidos dados a esse termo e se discute a relação entre função e teleologia. Os dois últimos temas tratam de questões que afetam mais diretamente a compreensão da natureza humana. Discutimos sucintamente, em primeiro lugar, algumas das diversas linhas de pesquisa atuais que procuram relacionar evolução, comportamento e cognição. Em segundo lugar, discutimos os argumentos dos que defendem a existência de uma base evolutiva para a moral, analisando a relação entre moral e altruísmo.

## Adaptação

De modo geral, a adaptação é compreendida como a adequação dos organismos ao ambiente em que vivem. Surpreende-nos a impressionante relação entre os órgãos e as funções por eles realizadas, assim como o ajuste entre si das partes que compõem um organismo e formam um único ser que sobrevive e se reproduz no ambiente apropriado. Antes de Charles Darwin, a adaptação era vista como uma das principais evidências do poder da criação de uma mente inteligente. Não parecia nada razoável explicar tamanha adequação de meios a fins recorrendo-se apenas ao acaso. Cabe observar que se pode distinguir adaptação ontogenética, em que as mudanças ocorridas ao longo da vida dos organismos em resposta às mudanças do ambiente não são herdadas, e adaptação filogenética, que se origina pelo processo evolutivo e é herdada. É apenas dessa última que tratamos aqui.

Em *A origem das espécies* Darwin forneceu uma explicação para a origem da adaptação que não recorria diretamente nem à intervenção de uma inteligência criadora, nem a causas finais, mas tampouco explicava a adaptação apelando apenas para o acaso. Embora atribuísse causas diversas à origem e à modificação das espécies, aceitando inclusive a herança de caracteres adquiridos, a principal contribuição de

Darwin para a compreensão da adaptação foi propor o mecanismo da seleção natural como principal causa da evolução da vida.

A seleção natural é um mecanismo relativamente simples, mas com grande poder explicativo. Ela supõe basicamente três fatores: (1) variações, denominadas aleatórias por não levarem em conta as necessidades adaptativas do organismo; (2) diferenças em aptidão (*fitness*), quer dizer, algumas variações aumentariam a probabilidade de sobrevivência e de reprodução dos organismos mais do que outras, isso porque haveria competição entre os indivíduos devido à tendência de crescimento populacional em contraposição às limitações ambientais; e, por fim, (3) o fato de tais características serem hereditárias, de forma que, após um tempo evolutivamente significativo, haveria alteração nas características da população, fruto do sucesso diferenciado na reprodução. Por meio da seleção natural, as características de uma população iriam se alterando gradualmente, porque as pequenas vantagens adaptativas se acumulariam ao longo das gerações.

Exemplos da ação da seleção natural são encontrados mais facilmente nos estudos experimentais com bactérias devido à curta duração do ciclo reprodutivo desses organismos, o que permite a observação da sucessão de muitas gerações. Um exemplo citado por Douglas Futuyma, a partir das pesquisas conduzidas por Anthony Dean, mostra a ação da seleção em populações de *Escherichia coli*. Em recipientes contendo lactose, foram cultivadas populações que continham grupos de bactéria do tipo selvagem (tipo-padrão ou de referência) e grupos com diferentes tipos de mutação no gene que codifica a enzima β-galactosidade, responsável pela quebra da lactose. Esses distintos grupos foram cultivados em populações suficientemente grandes a fim de neutralizar ao máximo o papel do acaso e de ser possível considerar a ação da seleção natural, uma vez que haveria competição pela lactose entre os diversos tipos, por ser essa a única fonte de alimento. Depois de algum tempo, observou-se que, em algumas populações, a proporção entre o tipo selvagem e o mutante presente não se alterou, indicando que as mutações ocorridas nessas populações eram seletivamente neutras. Porém, em outras populações, uma linhagem de mutantes decresceu em freqüência devido a sua baixa atividade enzimática comparada com a linhagem do tipo selvagem. Em outras populações, outro grupo de mutantes, diferente do anterior por possuir alta atividade enzimática, teve sua freqüência aumentada em relação ao tipo selvagem. Observou-se, então, que a evolução dessas duas últimas populações foi fruto da ação da seleção natural, que selecionou o grupo de mutantes com melhor atividade metabólica para a quebra da lactose.

Desde que Darwin concebeu o processo de evolução por seleção natural, o conceito de adaptação ficou a ele associado de tal modo que a adaptação passou a ser entendida como o resultado da seleção natural. Há autores que julgam que essa associação estrita entre o conceito de adaptação e de seleção natural deve ser desfeita, uma vez que há mais causas que influenciam o resultado final da adaptação. Porém, ainda é amplamente aceito que certo traço é dito adaptativo desde que sua existência seja explicada sobretudo por meio da ação da seleção natural que o favoreceu graças à vantagem em aptidão que ele apresentou.

Denomina-se adaptacionismo o programa de pesquisa que acredita ser a adaptação o conceito central no estudo da evolução. Trata-se de um programa de pesquisa que dominou e talvez ainda domine o pensamento evolutivo. Ele se vincula à crença de que se não todas, ao menos as principais, características dos organismos são adaptativas, ou seja, explicadas pela seleção natural. Parafraseando o filósofo da biologia Elliott Sober, podemos dizer que a característica principal do adaptacionismo é considerar que a maior parte dos traços fenotípicos na maioria das populações pode ser explicada pelo modelo no qual a seleção é exposta e os processos não-seletivos são ignorados. Um adaptacionista não nega necessariamente que haja outros fatores agindo no processo da evolução além da seleção natural, mas acredita que eles possam ser ignorados quando se trata de explicar os traços fenotípicos presentes nos organismos.

O programa adaptacionista sofreu nas últimas décadas inúmeras críticas, oriundas principalmente dos trabalhos de Stephen Jay Gould e Richard Lewontin. No conhecido artigo de 1979, "The spandrels of San Marco and the Panglossian paradigm: a critique of the adaptationist programme", Gould e Lewontin acusam o programa adaptacionista de cometer erros, tais como a atomização dos organismos em partes e a consideração de cada uma dessas partes como o projeto (design) otimizado (que alcançou a máxima aptidão numa população) para realizar certa função específica, fruto da ação da seleção natural. Isso seria equivocado por não levar em conta que os organismos são entidades integradas e não uma coleção de partes discretas, e por supor que o fenótipo é indefinidamente maleável, não sofrendo restrições de vários tipos.

No entanto, a principal crítica de Gould e Lewontin é a de que o programa adaptacionista torna a seleção natural onipotente na formação dos sistemas orgânicos atuais. Ao levarem em conta apenas a ação da seleção natural, os adaptacionistas construiriam histórias que não teriam nenhum apoio empírico (*just so stories*) e, por isso, a rejeição de uma dessas histórias apenas conduziria à construção de outra, sem levar em conta a possibilidade de a causa ser realmente diferente. Desse modo, não basta para uma hipótese adaptativa que ela seja plausível, é preciso mostrar de alguma forma sua veracidade.

De fato, aceita-se hoje que há diversas causas além da seleção agindo na evolução, sendo a principal delas a deriva genética (alterações nas proporções de genes apenas por processos ao acaso). A idéia foi concebida, principalmente, por Mooto Kimura, para quem no nível molecular a evolução é conduzida sobretudo por deriva genética e não por seleção natural. Isso ocorre porque há um grande número de proteínas que são seletivamente neutras, ou seja, que são adaptativamente equivalentes ou quase equivalentes. O acaso tem um papel relevante não só na geração das variações, mas também na fixação das variações em uma população, mas considera-se, geralmente, que seu poder de ação é maior em populações pequenas do que em populações maiores e que sua ação nessas últimas não compete com a ação da seleção natural. De qualquer modo, o acaso e muitos outros fatores além da seleção natural atuam no processo evolutivo. Por exemplo, um gene pode ter efeito sobre muitos traços fenotípicos (pleitropia), genes podem espalhar-se numa população, determinando traços, apenas por estarem ligados a outros que são realmente benéficos (*hitch-hike effect*), bem como traços podem permanecer numa população simplesmente por não ter ocorrido variação e não por ter havido seleção. Além disso, traços podem cumprir hoje papéis para os quais não foram selecionados. Para distingui-los das adaptações, eles são denominados exaptações. Enquanto as adaptações são traços que foram selecionados para cumprir uma função, uma exaptação é um traço cujo papel desempenhado hoje é diferente daquele para o qual havia sido selecionado. Por exemplo, acredita-se que as penas das aves não foram selecionadas inicialmente não para o vôo, pois o estudo dos fósseis mostra que, embora tivessem o corpo coberto de penas, esses animais não realizavam bem essa tarefa. Por isso, pode-se supor que originalmente as penas foram selecionadas para a função termorreguladora e se tornou uma exaptação para vôo.

Essas e outras causas não-seletivas não implicam a negação da ação da seleção, mas poriam em xeque o programa adaptacionista, uma vez que questionam a prioridade dada à ação da seleção natural no processo evolutivo.

As críticas ao programa adaptacionista tiveram efeito e provocaram sua revisão. Há, sem dúvida, aqueles que julgam que se deva abandonar o projeto como um todo, uma vez que ele está comprometido com pressupostos errôneos, porém essa não parece ser a única alternativa. A seleção natural ainda é vista por muitos autores não como um fator entre vários outros a conduzir o processo evolutivo, mas como o único fator que explica de maneira razoável tanto a adaptação quanto a formação de estruturas complexas e funcionais.

Kim Sterelny, em sua obra *Sex and Death*, retoma uma distinção feita por Peter Godfrey-Smith entre o adaptacionismo empírico, o adaptacionismo explanatório e o metodológico. Essa distinção é útil para a compreensão das diversas tendências atuais do pensamento adaptacionista, devendo-se observar que o que está em jogo em todas elas é, fundamentalmente, o papel atribuído à seleção natural. Essas três posições são combináveis entre si, dando assim conta da atual diversidade de posições, algumas de caráter mais fortemente adaptacionista, outras menos.

O adaptacionismo empírico sustenta que a adaptação deve ser tratada por meio da construção de modelos e experimentos, ou seja, cientificamente, com o objetivo de mostrar o poder explicativo da adaptação frente aos outros fatores que atuam no processo evolutivo. No sentido forte, implica a afirmação de que se pode compreender o processo evolutivo considerando apenas a ação da seleção natural.

O adaptacionismo explanatório sustenta que a mais importante missão da teoria evolutiva é explicar a adaptação dos organismos ao meio e o inegável fato de que eles aparentam ter sido projetados. A seleção natural é também vista como o mais importante fator na evolução, pois, mesmo que seja rara, seria a chave para explicar o projeto aparente dos organismos e as relações de adaptação entre o organismo e o ambiente. O biólogo Richard Dawkins e o filósofo Daniel Dennett, por exemplo, estariam comprometidos, em princípio, com o adaptacionismo explanatório, mas não com o adaptacionismo empírico forte, uma vez que aceitam que a seleção natural não é o único fator a atuar no processo evolutivo, pois ainda que a seleção possa explicar apenas 1% de toda mudança genética molecular, é esse 1% que conta. Essa posição combina uma hipótese científica, a de que a seleção natural explica a adaptação, com uma tese filosófica de que o projeto aparente dos organismos possui um estatuto especial como fenômeno biológico. Embora seja amplamente aceito que a dinâmica variação e seleção natural é a melhor forma de se explicar o aparente projeto (design) dos organismos, observa-se que as teses do adaptacionismo explanatório, por terem implicações mais amplas, são as mais difíceis de serem testadas e também as que geram maior polêmica, como o enfrentamento da teoria da evolução com o argumento do design inteligente. Os defensores desse argumento sustentam que, do mesmo modo que se explica a existência de artefatos, como um relógio, recorrendo-se ao seu projetor, também se deve explicar a existência de estruturas complexas e funcionais nos organismos vivos como, por exemplo, o olho humano, recorrendo-se à inteligência criadora que as concebeu.

O adaptacionismo metodológico compreende que a adaptação é um conceito organizador para a pesquisa evolutiva. Ele pode ser útil, por exemplo, quando constrangimentos genéticos e de desenvolvimento são difíceis de se determinar. Quando a hipótese de otimização é investigada e ocorre um grande desvio, isso mostraria que há outros fatores atuando de maneira relevante. Esse tipo de adaptacionismo se justificaria desde que se suponha ser a seleção natural a mais importante força de ação na evolução.

Todas as três posições frente ao adaptacionismo são criticáveis quando consideradas no sentido extremo. O adaptacionismo empírico ao sustentar que todas as características dos organismos são frutos da ação da seleção natural, o adaptacionismo explanatório ao ver no fenômeno adaptativo, portanto, na seleção natural, o único fator importante na história evolutiva, e o adaptacionismo metodológico quando considera a inevitabilidade de se usar o modelo adaptacionista.

No entanto, essas três versões são plausíveis quando consideradas em um sentido mais fraco. Parece razoável considerar que a bela e intricada rede de relações entre organismos e meio ambiente tem de ser explicada, que ela constitui uma importante questão para o pensamento evolutivo, e que é preciso buscar embasamento empírico para as explicações adaptacionistas. Portanto, o reconhecimento de que há problemas com o adaptacionismo não leva necessariamente à negação do relevante papel explicativo da seleção natural no processo evolutivo, mas leva, em primeiro lugar, à rejeição da idéia de que a seleção natural seja o único fator importante da evolução e, em segundo lugar, à crítica da ausência de testes para suas hipóteses. Talvez esse último ponto seja de fato o maior problema com o adaptacionismo, a saber, a proliferação de hipóteses, a possibilidade de se construir mais de um modelo explicativo a partir dos mesmos dados, sem que sejam apresentados os meios adequados para testá-los e decidir sobre eles.

Modelos matemáticos, como os de otimização, têm sido concebidos a fim de possibilitar a testabilidade das explicações adaptacionistas. Modelos de otimização supõem, por exemplo, que a seleção natural moldou o comportamento dos animais de modo a resolver problemas ambientais selecionando a melhor alternativa entre aquelas disponíveis. Por exemplo, no caso de um predador, determina-se que o problema enfrentado é como maximizar a taxa de ingestão de energia de modo a poder utilizá-la para outros fins como a reprodução. Acredita-se que um predador mais eficiente na produção de energia teria mais chance de deixar mais descendentes do que um predador menos eficiente. Testa-se essa hipótese considerando-se duas variáveis: a energia e o tempo gastos para capturar e consumir a presa e a quantidade de energia adquirida pelo seu consumo. O modelo é construído de modo a responder qual é a taxa de energia obtida em função da estratégia adotada. Os cálculos mostram que se as presas que geram mais energia, em geral as maiores, são abundantes, o predador ganha mais energia capturando-as e ignorando as outras. Na situação em que elas não são abundantes, o predador ganha mais energia capturando as presas de menor valor energético. Ao comparar o modelo com os casos reais, pode-se prever seu comportamento e, em caso de desvios, construir novos modelos ou buscar novas causas.

Elliott Sober defende que os modelos de otimização são instrumentos importantes, pois através deles é possível descobrir se o traço evoluiu por seleção natural. Não há dúvida de que há restrições de ordem ontogenética (relacionada ao processo de desenvolvimento do indivíduo) que limitam as variações sobre as quais a seleção natural pode atuar, do mesmo modo que o fazem as restrições advindas da história filogenética (relacionada à história evolutiva de um grupo específico de organismos). Além disso, há o acaso, que se acredita ter um papel relevante nas inovações que ocorrem principalmente em pequenas populações. Todos esses fatores participaram na formação do design atual dos organismos e das populações, juntamente com a seleção natural. Certamente, não parece fácil decidir qual entre eles tem papel mais relevante e talvez não se possa decidir isso de forma global.

Para Sober, no entanto, essas restrições não desqualificam o projeto adaptacionista, presente nos modelos de otimização; elas apenas dão a ele sua forma, delimitando as variações que podem ser selecionadas. Se tais restrições são consideradas, o modelo levará em conta as variações que, de fato, estão disponíveis. Sober fornece o exemplo de uma fêmea da mosca-das-frutas (*Drosophila*) que apresenta duas opções: ou tem alta fecundidade no início da vida e baixa fecundidade no final ou, ao contrário, apresenta baixa fecundidade no início da vida e alta no final. Não há a opção de ser fecunda em ambas as fases da vida, devido à restrição de desenvolvimento relacionada com o número de ovos que a fêmea tem disponível. Se os dois padrões se fixam na população, o modelo vai explorar a possibilidade de o polimorfismo ter-se fixado pela seleção natural.

O problema da testabilidade é sem dúvida um dos mais difíceis, mas a dificuldade de se testar hipóteses adaptativas específicas seria equivalente à dificuldade de se testar hipóteses não-adaptativas. A construção de modelos deve permitir testar as hipóteses específicas, pois se o modelo está de acordo com os dados, então, a hipótese é confirmada, ao menos provisoriamente. Se ele não é confirmado, constroem-se, então, novos modelos ou se buscam causas diferentes, não-adaptativas.

Deve-se, porém, distinguir entre testar uma hipótese adaptativa relativa a uma dada população e testar o adaptacionismo em geral. O adaptacionismo, enquanto tese geral, não é testável diretamente, mas, segundo Sober, isso não o torna não-científico ou não-falsificável. Sendo um programa de pesquisa, ele só poderia ser testado indiretamente. Para ele, quase todos os biólogos concordariam com a tese de que a adaptação existe e que, sendo assim, muitos traços fenotípicos estão sujeitos à seleção natural, mas não se comprometeriam com o programa de pesquisa adaptacionista, segundo o qual os modelos que ignoram a seleção natural tendem a fazer predições equivocadas e o design dos traços funcionais dos organismos é ou tende para o ótimo. Para testar a tese geral, seria necessário verificar se os modelos adaptacionistas específicos, que só utilizam a seleção natural, têm sucesso em predizer como os organismos evoluíram. Se tiverem mais sucesso do que aqueles que levam em conta outros fatores, o adaptacionismo, então, será um modelo de pesquisa bem-sucedido e deverá se manter; do contrário, deverá ser abandonado como programa de pesquisa.

Desse modo, o que deve ser rejeitado não é o adaptacionismo em geral, mas o adaptacionismo na sua forma ingênua, em que não são considerados os fatores que podem limitar e até impedir a ação da seleção natural e a evolução do traço ótimo, tais como o acaso, as restrições genéticas, de desenvolvimento e filogenéticas, e em que não são consideradas, também, razões não-seletivas pelas quais traços podem vir a se fixar em uma dada população. Um adaptacionista consistente acredita que, a despeito de todos esses fatores, a maioria dos traços fenotípicos evoluiu por seleção natural devido à diferença de aptidão frente a outros traços, e ele procura mostrar isso através de modelos testáveis.

## Indivíduo e unidade de seleção

Muito se discute sobre quais critérios são necessários para se determinar o que é um indivíduo biológico. Supõe-se ser necessário haver unidade suficiente para que possamos entendê-lo como distinto dos outros. Essa característica corresponde à identidade própria de um indivíduo, em que há forte dependência entre suas partes e uma relativa independência do mundo externo. Isso não significa que ele seja totalmente independente de seu meio; por trocar energia, matéria e informação com o meio, é pensado como sistema aberto. No entanto, possuir uma identidade significa manter sua estrutura, forma, composição etc., pelo tempo de sua vida, resistindo assim às inconstâncias e incertezas externas. Um indivíduo forma um todo, pois se não é verdadeiramente indivisível, suas partes têm de formar um todo para ser considerado um. Essa idéia acompanha as exigências de unidade e integração, porém não se identifica com elas, pois requer que um indivíduo seja mais do que a mera soma de suas partes. Como observa Sober, essa interdependência deve ser entendida em termos funcionais, pois à medida que a dependência funcional vai se reduzindo, o conjunto das partes torna-se cada vez menos um indivíduo. Quanto maior for a integração entre as partes de uma entidade, mais individuada ela será. Deve-se distinguir, assim, um agregado vivo não-unitário de um indivíduo, pois, nos casos em que não há integração funcional, não há individualidade, ainda que a integração não ocorra o tempo todo e de forma homogênea. Para Sober, populações de organismos de espécies assexuadas não integrariam suficientemente suas unidades, os organismos; por isso, não formariam indivíduos ou teriam um grau muito baixo de individualidade.

Outra característica comum a toda individualidade é a restrição de sua existência no espaço e no tempo. Todo indivíduo tem necessariamente começo e fim, e o desmembramento das suas partes põe fim à integração e também à sua existência.

A exigência de integração constante fez com que, muitas vezes, só se utilizasse o termo "indivíduo" para designar o organismo, mas esse não parece ser o único nível de estrutura individuada no mundo vivo. Considerando as características assinaladas anteriormente, é possível afirmar que existem outros níveis, pois a individualidade não é algo que se tenha de forma absoluta ou não se tenha, mas apresenta, ao contrário, gradações. Por exemplo, uma colméia pode ser compreendida como uma individualidade, mesmo que seus componentes, as abelhas, constituam unidades discretas e não estejam dentro dela todo o tempo.

A consideração da evolução levantou questões sobre o problema da individuação que não se apresentavam na perspectiva tradicional, em que se concebia o indivíduo como bem delimitado pelo conceito essencialista de espécie (em que a espécie consiste em conjuntos de indivíduos semelhantes que compartilham a mesma essência). Numa concepção evolucionista, a determinação do que é um indivíduo relaciona-se diretamente com a realidade empírica, em que são considerados os casos que possam satisfazer os critérios determinados. Nesse caso, dificilmente se consegue satisfazer a todos os critérios ao mesmo tempo sem que se façam concessões ou se estabeleçam limites. Eles são relativizados, porque os indivíduos, muitas vezes, não podem ser totalmente isolados uns dos outros, adquirindo certo grau de incompletude. Em vários casos, torna-se difícil determinar o que é o indivíduo biológico, uma vez que existem muitos exemplos em que não é possível decidir-se onde começa e onde termina um indivíduo, como, por exemplo, quando se considera o limite que separa um organismo de outro, nos casos de reprodução assexuada por divisão e por brotamento. Também quando se consideram os animais capazes de regenerar grande parte de sua estrutura corporal, muitas vezes fica difícil justificar por que ele continua sendo o mesmo. No caso dos vegetais, o problema é ainda mais complicado, pois, muitas vezes, a delimitação de um organismo, bem como de uma espécie, é bastante difícil. Além disso, há o problema de se determinar o que é o indivíduo biológico para além dos limites de um organismo, como no caso de uma colônia, em que se questiona até que ponto colônias ou mesmo sociedades devem ser pensadas como indivíduos, e quando se considera uma população ou uma espécie. Ainda assim, poderíamos dizer que individualidades biológicas são realidades temporárias, mais ou menos bem delimitadas, com algum grau de unidade e identidade internas, continuidade e integração funcional entre suas partes.

É razoável supor que a evolução tem como efeito a individuação. Podemos entender indivíduos como os níveis na hierarquia da vida com capacidade para funcionar como unidade de seleção ao longo da evolução. Nesse sentido, são candidatos a indivíduos: genes, células, organismos, sociedades e espécies. Ao tratar do problema da individuação e do indivíduo à luz da teoria da evolução, coloca-se em questão a relação entre indivíduo e unidade de seleção. É verdade que esses dois problemas são distintos. Com relação à determinação da unidade de seleção, devem ser investigados quais níveis de realidade estão sujeitos à ação da seleção, enquanto a determinação da individualidade supõe o estabelecimento de critérios a guiar a investigação na natureza do que é o indivíduo. No entanto, o que observamos é que a relação entre unidade de seleção e indivíduo subjaz às discussões sobre os níveis de seleção. David Hull diz que qualquer coisa que possua as características necessárias para ser selecionada possui as características necessárias para contar como indivíduo e não como grupo. Embora nem todos os indivíduos funcionem como unidades de seleção, apenas indivíduos podem ser selecionados. Portanto, entidades comumente tratadas como grupos, se são unidades de seleção, são de fato indivíduos. Hull estabelece, assim, uma estreita relação entre individuação e processo de seleção. O mesmo pode ser inferido quando Sober diz que se a seleção natural favorece em geral o organismo e raramente o grupo deve-se supor, por isso, que o organismo seja mais individuado do que o grupo.

Há duas questões aqui envolvidas: a primeira diz respeito aos tipos de indivíduos biológicos existentes hoje e aos níveis de ação da seleção natural; a segunda questão diz respeito à origem de novos níveis de indivíduos biológicos e novos níveis de ação da seleção.

Muito se tem discutido sobre o problema da unidade de seleção e sobre a existência de apenas um ou vários níveis de unidade de seleção. Os candidatos à unidade de seleção podem ser organizados em três grupos: (1) os organismos, (2) os níveis situados acima, como grupos, populações e espécies e (3) os situados abaixo desse nível, como o gene e certas partes dos organismos, denominadas módulos.

A visão tradicional concebe a seleção natural como resultado da competição entre organismos de uma dada população, sendo este, se não o único, ao menos o principal nível de seleção. Desse modo, desde Darwin, o organismo, por ser o indivíduo reprodutor, tem sido visto como o candidato mais natural à unidade de seleção.

Essa perspectiva foi colocada em xeque por alguns autores, como George Williams e Richard Dawkins, que defenderam ser o gene a única e verdadeira unidade de seleção. Dawkins, em *O gene egoísta*, afirma que a unidade fundamental de seleção e de individualidade não é a espécie, nem o grupo, nem mesmo o organismo, mas o gene, a unidade de hereditariedade. Uma razão que apresenta para apoiar tal posição é a de que os genes, por serem os replicadores (entidades que passam sua estrutura diretamente através da replicação), são copiados de geração em geração quando o organismo se reproduz. Desse modo, permanecem e formam linhagem, sendo afinal os verdadeiros beneficiários da adaptação. Já os organismos são entidades efêmeras, denominadas veículos, uma vez que são construídos para facilitar a replicação dos genes. Por isso, no fim das contas, os genes é que estariam sendo selecionados. O termo "veículo" terminou sendo substituído por "interator", cunhado por David Hull, e é mais usado hoje para designar uma entidade que, enquanto um todo coeso, interage com o ambiente e é responsável pela replicação diferenciada. São exemplos de interatores os organismos, as populações, as espécies etc.

Muitos filósofos da biologia colocam em discussão a tese de que o gene é o único ou o principal nível de seleção e a evolução um processo de mudança na freqüência dos genes. Alguns argumentos apresentados estão baseados, por exemplo, no fato de que organismos herdam mais do que o DNA nuclear, havendo herança de material não-genético significativo para o processo de desenvolvimento do organismo.

Ernst Mayr, por exemplo, defende a posição tradicional de que o organismo é a unidade de seleção. A seleção natural agiria, primeiramente, sobre organismos e só indiretamente sobre os genes, já que o resultado da seleção é fruto da interação entre o ambiente externo e os processos fisiológicos do organismo como um todo.

Além disso, há muito se conjectura sobre a existência de níveis de seleção abaixo e acima do nível do organismo. Defendem-se níveis de seleção situados abaixo do nível do organismo como, por exemplo, a seleção de certas partes dos organismos — os módulos —, que seriam conjuntos de genes, seus produtos e interações sobre os quais a seleção natural atuaria, separando, selecionando e transformando. Os módulos equivalem às partes de um organismo que evoluem de modo mais ou menos independente das outras partes. É o caso, por exemplo, dos membros anteriores dos mamíferos. Eles teriam evoluído de forma relativamente independente, gerando estruturas homólogas, porém bastante distintas nas baleias, nos morcegos e nos humanos. Conceber módulos como unidades de seleção implica ainda reconhecer a integração de dois aspectos da seleção: um relacionado ao fenótipo, em que o módulo deve funcionar como um todo tendo em vista alguma função fisiológica ou ecológica bem definida, e o outro relativo ao genótipo, pois para evoluir de forma independente é necessário que haja redes ou módulos genéticos com alto grau de integração interna.

A existência de níveis de seleção acima do organismo levantou o problema da seleção de grupo. Apesar de muitas vezes negada por aqueles que só reconhecem como nível de seleção o organismo ou o gene, a seleção no nível de população tem gerado muitas discussões, sobretudo quando se consideram a vida social e a existência de altruísmo na natureza. David Sloan Wilson e Elliott Sober defendem a existência da seleção de grupo; portanto, que unidades acima do organismo podem ser consideradas unidades de seleção. O altruísmo seria um exemplo de comportamento que requer o conceito de seleção de grupo. Altruísmo significa, por definição, uma ação que resulta no detrimento do interesse próprio e no benefício do interesse de outro. É o caso de uma abelha, que, ao introduzir seu ferrão, acaba arrancando parte de seus órgãos internos e, por isso, morre. Esse traço evoluiu não por beneficiar o organismo individual, mas por beneficiar o grupo. Esse é um exemplo de traço que evoluiu por seleção de parentesco (traço que evolui devido à cooperação de organismos que mantêm laços de parentesco, ou seja, que compartilham genes). Para Wilson e Sober, a seleção de parentesco é um tipo de seleção de grupo.

Ainda segundo Sober, se o organismo for o único nível de unidade de seleção, então, a seleção natural trabalharia sempre contra a evolução do altruísmo. Se o grupo é, às vezes, unidade de seleção, então, a seleção natural favorece, às vezes, traços altruísticos. A evolução de um comportamento altruísta seria altamente improvável no caso de um grupo isolado, pois o indivíduo altruísta tenderia a ser eliminado. Porém, se houver competição entre os grupos num processo de expansão de populações, esse comportamento poderia evoluir, porque os grupos altruístas tenderiam a crescer e se expandir mais rapidamente do que os egoístas.

Não há, nesse caso, uma contraposição entre seleção genética e seleção de grupo. A questão importante, então, seria saber se os genes evoluíram de modo a beneficiar os indivíduos em relação a outros dentro de uma mesma população ou se evoluíram beneficiando um grupo, em relação a outros considerando uma metapopulação (conjunto de populações distintas de uma mesma espécie). E se tanto a seleção que beneficia os organismos individuais quanto a que beneficia o grupo puderem ser expressas no nível dos genes, que são, se não a única, ao menos as principais unidades de hereditariedade, então, a seleção genética é consistente com todos os outros tipos de seleção. A seleção genética talvez seja a única instância de seleção sempre presente, o que não significa ser o gene a única unidade de seleção existente.

Desse modo, numa mesma população, poder-se-ia considerar a existência de uma força seletiva interna que favoreceria os indivíduos egoístas frente aos altruístas, mas também outra força seletiva agindo entre as populações, favorecendo o comportamento altruísta em detrimento do egoísta. O resultado do conflito dessas forças dependeria da diferença de intensidade existente entre elas e determinaria o curso da evolução. Segundo essa hipótese, a seleção age em diferentes níveis. Ela aponta, portanto, para uma compreensão pluralista dos níveis de seleção, na qual se reconhece a existência de vários níveis em que a seleção agiria, situados tanto acima como abaixo do organismo.

No entanto, a defesa da existência da seleção de grupo está longe de ser uma unanimidade entre os biólogos e os filósofos da biologia; ao contrário, aceita-se geralmente que existe seleção no nível do organismo e do gene, e que essa poderia resultar num benefício para o grupo, mas, nesse caso, este não poderia ser considerado unidade de seleção.

Ao considerarmos a relação entre unidade de seleção e indivíduo, verificamos que os organismos satisfazem às exigências que determinam o que é um indivíduo e são candidatos à unidade de seleção, porém, mesmo nesse caso, nem sempre os limites dos indivíduos são precisos, como, por exemplo, quando consideramos alguns tipos de vegetais ou quando consideramos os organismos que se dividem binariamente, isto é, que se reproduzem através da bipartição do corpo celular. Nesses casos, concebe-se, em geral, que o indivíduo originário não prossegue sua existência em nenhum dos dois outros indivíduos gerados, supondo-se que ele se desfaz ao se dividir. No entanto, quando se consideram os seres capazes de regenerar-se — e muitos deles podem perder mais da metade de seu corpo e ainda assim reconstituir-se —, julga-se que se trata ainda dos mesmos indivíduos. Na realidade, não há sequer critérios definitivos capazes de determinar os limites de todos os organismos.

Os candidatos situados abaixo do nível do organismo, tais como o gene e o módulo, podem ser compreendidos como unidades de seleção e como indivíduos; porém, devido ao grau de dependência e integração funcional que possuem com o organismo ao qual pertencem, suas individualidades são mais relativas e parciais do que a individualidade encontrada nele.

Já com relação aos outros candidatos que se colocam acima do organismo, é provável que haja forte correlação entre a determinação da individualidade e da unidade de seleção. Por exemplo, as colônias são fortes candidatas à unidade de seleção, pois são usualmente consideradas superorganismos graças ao elevado grau de integração existente entre os organismos componentes. Sua individualidade seria semelhante à dos organismos e, por isso, reconhecida com mais facilidade.

Com relação às populações, a questão é mais complicada na medida em que nem todas possuem integração funcional a ponto de poderem ser entendidas como indivíduos. Elliott Sober, assim como outros filósofos da biologia, considera que as populações de espécies assexuadas não estabelecem integração suficiente entre seus organismos e, por isso, seriam realidades históricas e não individualidades biológicas; por conseqüência, dificilmente seriam unidades de seleção. Já as populações de organismos sexuados poderiam ser consideradas individualidades devido à integração funcional que existe entre seus organismos. Essas interações sexuais são consideradas suficientes para integrar os indivíduos de uma população e fazer dela uma unidade, tornando-a, em vários aspectos, semelhante aos organismos e, ainda que suas partes sejam menos interdependentes funcionalmente do que as partes de um organismo, poderiam também ser unidades de seleção.

O problema de tratar a espécie como indivíduo é um dos mais difíceis. Essa questão relaciona-se com a forma como se compreende o conceito de espécie. A definição biológica, tal como apresenta Mayr, é a de que espécie é um conjunto de populações naturais que, de fato ou potencialmente, se cruzam entre si, mas estão reprodutivamente isoladas de outros conjuntos. Uma das grandes dificuldades enfrentadas por esse conceito biológico de espécie é que, por se basear no isolamento reprodutivo das populações, não pode ser aplicado às populações assexuadas; para essas devem ser utilizados outros critérios, como nicho ecológico e diferenças morfológicas e ecológicas. Segundo Sober, essas populações não devem ser consideradas indivíduos e, conseqüentemente, não possuiriam condições para serem unidades de seleção. No entanto, as espécies sexuadas, como podem ser tratadas como indivíduos, podem ser candidatas a unidades de seleção, particularmente quando compreendidas como espécie biológica. No entanto, há muitas divergências entre os evolucionistas sobre a possibilidade de se tratar a espécie como indivíduo e como unidade de seleção. De certa forma, a dificuldade de se considerar a espécie como unidade de seleção revela que quanto mais altos são os níveis de seleção, mais difícil torna-se sua determinação como indivíduo.

Outra dimensão da questão do indivíduo biológico diz respeito à origem das individualidades biológicas. Ao longo da evolução, níveis de complexidade e de organização diferenciados emergiram, tais como organismos procariotas, eucariotas, multicelulares e sociedades. Essas transições deram-se, de acordo com Richard Michod, pela integração de grupos de indivíduos preexistentes gerando indivíduos de níveis mais altos. O processo, por sua vez, seria acompanhado de uma reorganização dos níveis de seleção.

Desse modo, a evolução da vida poderia ser compreendida como a história da transição entre diferentes níveis de seleção. No princípio, a seleção agia sobre moléculas replicadoras; porém, com a formação de outros níveis de organização biológica, novos níveis de seleção surgiram. Segundo Leo Buss, a seleção ocorre sobre o nível mais alto a partir do ambiente externo sempre que a unidade mais baixa estiver fisicamente contida na mais alta, como na relação entre as células e o organismo multicelular. Nesse caso, a seleção no nível mais baixo subsiste, mas o ambiente seletivo é o ambiente somático do nível mais alto, sendo esse nível o agente seletivo. No caso em que o nível mais baixo não está contido no mais alto, a seleção ocorre ou pode ocorrer em ambos os níveis, como no organismo e na população. Poder-se-ia falar em associação e em conflito nas relações entre essas diversas unidades de seleção que coexistem.

Buss critica a perspectiva dos que defendem que só há seleção no nível do gene não porque negue este como um nível de seleção, mas porque considera que levar em conta somente o interesse egoísta dos genes não esclarece suficientemente o processo que gerou as distinções existentes entre os níveis de organização biológica. A explicação de que complexos moleculares, células, organismos e populações evoluíram por interesses egoístas dos genes não explica de que forma a vida se organizou hierarquicamente.

Desse modo, é possível considerar a coexistência de diferentes níveis de seleção, pois não haveria apenas um nível, mas vários em uma relação de hierarquia. Cada nível de organização que emerge é um novo nível de seleção. Do mesmo modo, poder-se-ia conceber múltiplos níveis de individuação biológica, com graus diversos, sendo que os níveis sobre os quais a seleção natural incide com maior intensidade apresentariam maior nível de individuação do que os outros.

## Função

É comum recorrer-se ao conceito de função para explicar o papel que células, tecidos, órgãos, processos e comportamentos desempenham nos organismos em que estão presentes. Uma das maneiras de se compreender o conceito de função consiste em explicar o papel que uma parte, um processo ou um comportamento cumpre em um dado sistema.

O conceito de função é mais claramente compreendido quando se consideram os artefatos, objetos criados por nós para servir aos fins que desejamos. Tais objetos realizam funções que foram determinadas por seus criadores; por isso, não é apenas fácil descobrir qual função eles cumprem, mas também de onde ela se origina, a saber, um agente intencional humano.

Com relação às funções naturais, o problema é mais complicado. Tradicionalmente, a existência de funções no mundo vivo foi vista como prova de que a natureza não é perdulária, de que não faz nada em vão e de que tudo tem uma finalidade. Assim como o que explica a função de um artefato, por exemplo, um despertador, é a intenção que o seu criador tinha ao criá-lo, ou seja, a de despertar na hora programada, um órgão como o coração tem a função de bombear o sangue, pois assim o teria concebido a mente que o criou.

No entanto, quando se compreende a origem dos seres vivos pela evolução, não é mais possível considerar-se satisfatória a explicação baseada na intenção de um agente criador para a função existente no mundo natural. Muitos autores, porém, consideram que isso não significa eliminar o caráter teleológico do conceito de função. Elliott Sober acredita que Darwin, ao romper com a tese da criação das espécies, desfez a ligação entre teleológico e teológico, permitindo a articulação, até então improvável, entre teleologia e causa natural. Ele não teria expurgado a teleologia da biologia, mas a abordado de um modo naturalista. Ainda assim, nem todos os filósofos concordam que se deva conservar a interpretação teleológica quando se trata de função biológica.

Muitas críticas são feitas ao uso da explicação teleológica em biologia. Alguns sustentam, por exemplo, que explicações teleológicas envolvem questões de natureza teológica e metafísica e, por não serem verificáveis, não podem fazer parte da ciência. A ciência moderna teria rompido com toda forma de finalismo, e não se poderia romper com essa doutrina e continuar a invocar termos como "propósitos" para tratar de fatores causais do mundo natural. Afirma-se também que o modo como a causalidade se apresenta nos enunciados teleológicos é problemático, pois explicações teleológicas recorrem a eventos futuros, enquanto a explicação causal normal recorre apenas a eventos passados. Na causalidade normal, a causa precede ou é simultânea ao efeito, sendo que nas explicações teleológicas inverte-se essa ordem. Desse modo, os enunciados teleológicos explicam a existência de algumas coisas a partir da atribuição a elas de um propósito ou um fim.

Também se critica o uso da linguagem teleológica na biologia por ela implicar antropomorfismo, através da assimilação da função biológica às funções dos sistemas intencionais humanos, que envolvem deliberação e consciência.

Essas críticas podem ser rebatidas, como mostra Ernst Mayr, uma vez que o uso moderno de enunciados sobre processos teleológicos, ou seja, processos dirigidos a fins, não implica a aceitação de concepções teológicas ou conceitos metafísicos, e que as explicações, de caráter teleológico, usadas na biologia não entram, de modo nenhum, em conflito com as explicações físicas e químicas. Além disso, o fato de ser distinta da causalidade ordinária não significa que a explicação teleológica seja incompatível com ela.

No entanto, Mayr julga mais adequado substituir o termo "teleológico" por "teleonômico" para se evitar possíveis interpretações equivocadas. Os processos teleonômicos caracterizam-se por serem guiados por um programa e dependerem da existência de um objetivo. Segundo o autor, essa constitui uma diferença importante nos níveis de complexidade entre a natureza inanimada e a viva. Não encontramos processos teleonômicos em sistemas estritamente físicos, mas somente nos organismos e nas máquinas fabricadas pelos homens. Tais processos se originam ou por seleção natural ou por meio de um agente intencional da espécie humana. O principal exemplo é o programa genético, mas também encontramos esses processos no funcionamento de órgãos e glândulas, em processos relacionados aos mecanismos de auto-regulação, como nos mísseis autodirigíveis, que possuem mecanismos de propulsão para seguir a fonte de calor mais próxima.

No entanto, Mayr considera que não é adequado o emprego de termos teleológicos quando se trata da adaptabilidade dos sistemas biológicos. Para ele, os processos teleonômicos pertencem ao campo das causas próximas, isto é, das causas que decorrem da natureza físico-química da atividade biológica e são suscetíveis de uma explicação mecânica. Essas causas devem ser separadas das causas últimas, que dizem respeito às causas evolutivas, aos mecanismos de adaptação e de ação da seleção natural. Esses não dizem respeito aos processos teleonômicos, porque uma coisa é o funcionamento do programa e outra é a origem dele. A adaptação responde pela origem do programa e, nesse caso, uma linguagem puramente selecionista seria mais adequada, porque o uso da linguagem teleológica para explicar as adaptações poderia remeter à antiga idéia de que a evolução conduz a adaptação em direção à perfeição e ao progresso. Também não se poderia recorrer à pressão seletiva, pois ela não é uma causa próxima, mas causa última que explica a construção histórica do programa genético e não explica o programa no seu funcionamento. A seleção atua sobre eventos passados, como mutações e recombinações, e não planeja o futuro; por isso, o seu resultado só pode ser obtido *a posteriori.*

Apesar de todos concordarem que a evolução não é um processo teleológico no sentido de ter um fim predeterminado, muitos filósofos da biologia vão defender a utilização de explicações teleológicas na biologia evolutiva. Contrariamente ao que julga Mayr, isso não implicaria um compromisso com a idéia de finalismo, mas a consideração de que a seleção natural, devido ao seu efeito cumulativo, tem um papel tanto na preservação das variações quanto na organização dos seres vivos.

Na verdade, há hoje uma divisão fundamental entre as interpretações filosóficas do conceito de função em biologia. De um lado, temos autores que defendem as interpretações teleológicas de função e outros que não aceitam essa interpretação. O artigo "Functions", de Larry Wright, de 1973, é considerado um marco na linhagem das interpretações teleológicas; e o de Robert Cummins, de 1975, intitulado "Functional analysis", um marco entre as não-teleológicas. Essas duas interpretações defendem a existência de uma importante força explanatória do conceito de função para a biologia, porém de forma bem diversa uma da outra. Enquanto a primeira sustenta que a função explica por que certo traço, órgão ou comportamento existe, a segunda considera que o poder explicativo da função está na avaliação de sua contribuição para o sistema do qual faz parte, não sendo relevante para sua compreensão a informação sobre sua origem evolutiva.

Para Wright, enunciados sobre funções são teleológicos, porque todos podem ser formados com a expressão "de modo que" ou "a fim de que". Eles explicam por que razão uma coisa que cumpre certa função, como um órgão, um comportamento ou um artefato, existe naquele organismo. A análise de Wright tem dois aspectos. O primeiro diz que "X está ali porque realiza Z". O segundo diz: "Z é a conseqüência (ou o resultado) de X estar ali." O primeiro enunciado apresenta a forma da explicação funcional e estabelece a condição necessária para se entender que X tem a função Z. O segundo apresenta a distinção entre as explicações funcionais e os outros tipos de explicações etiológicas. Por isso, não basta dizer que X está lá porque realiza Z, é necessário completar dizendo que Z é o resultado ou a conseqüência do fato de X estar lá. Dizer qual é a função é mais do que apontar para um mero efeito ou utilidade da coisa referida. Algo pode ser inútil e ainda assim ter sua função mantida. Um artefato ou um órgão com defeito, por exemplo, uma cadeira com um pé quebrado ou um rim deficiente de formação, pode até ser inútil, mas ainda assim mantém sua função. Além disso, pode haver utilidade em um item sem que essa seja sua função. Por exemplo, a função do nariz não é apoiar os óculos, mas ele tem essa utilidade. Tanto a utilidade quanto a acidentalidade não servem para dar conta do conceito de função. Seria correto dizer que as plantas possuem clorofila porque esta realiza a fotossíntese, e a realização da fotossíntese é a razão pela qual as plantas possuem clorofila. Porém, não seria correto dizer que há oxigênio na corrente sangüínea dos seres humanos porque esse se combina facilmente com a hemoglobina. Embora seja verdadeiro que o oxigênio se combina facilmente com a hemoglobina, não é essa sua função e não faria sentido dizer que o oxigênio está lá por essa razão. Combinar com a hemoglobina é apenas um meio para tal fim.

Como tem por característica principal explicar por que razão certo órgão, traço ou artefato está ali, a concepção de função de Wright é denominada etiológica. O autor visa a alcançar uma teoria ampla e unificada: ampla, porque se aplica tanto a funções conscientes como a funções biológicas, e unificada porque apresenta uma formulação única e sem ambigüidades. Segundo Wright, a diferença entre funções conscientes e biológicas não é essencial. Ele considera que o modelo para pensar qualquer tipo de função é a escolha voluntária, em que há um agente consciente. Excluindo-se o caso da escolha puramente discriminatória, a seleção consciente é o que está por trás das funções conscientes e é também o modelo segundo o qual a própria seleção natural é pensada, representando uma extensão daquela. De fato, na ausência de um agente, nada está fazendo a seleção; no entanto, isso não alteraria tanto as coisas, já que dados a natureza do traço, o que realiza e o ambiente, ele seria automaticamente selecionado. Isso não significa de modo algum introduzir um agente na explicação da função biológica. Embora seja possível, e seja o que ocorre quando a explicação teleológica é também teológica, não é algo necessário.

Uma característica importante do conceito teleológico de função é a normatividade. Esta designa um padrão a partir do qual a função é pensada, determinando o que certo item deve fazer ou como ele deve se comportar. É ela que explica por que um item, órgão ou artefato não perde sua função mesmo quando o funcionamento dele está comprometido. Para muitos autores, esse caráter normativo da função não poderia estar baseado somente no funcionamento atual do traço porque, com base nele, não seria possível distinguir de forma eficaz o que é funcional do que não é. As explicações dos casos em que o comportamento de um item é diferente do que diz a norma, como, por exemplo, de um determinado órgão que não funciona ou que funciona de modo inadequado, só valem quando se considera o que a gerou, a saber, a sua história. Por isso, só se deve falar de função no contexto de uma história seletiva.

De modo geral, a concepção histórica do conceito de função está sustentada pela crença de que há um vínculo estreito entre o conceito de função biológica e o conceito de adaptação, pois a função realizada por um traço é uma adaptação, ou seja, se explica pelo processo de seleção natural. Embora não seja a única força determinante no processo evolutivo, a seleção natural fornece, para grande parte dos defensores de uma abordagem histórica, o único critério para se distinguir o que é funcional do que não é. Por exemplo, a tartaruga utiliza suas nadadeiras para cavar e enterrar seus ovos. Acredita-se que esse comportamento não evoluiu por seleção natural e que as nadadeiras foram selecionadas pelo fato de facilitarem o deslocamento do animal na água, não sendo assim adaptações, mas exaptações. Portanto, caso se considere que apenas adaptações geram funções, o uso das nadadeiras para cavar seria um efeito e não uma função no sentido próprio.

Alguns problemas, no entanto, são levantados em relação à concepção teleológica de função. São casos em que se põe em discussão o papel da seleção natural. Não há garantia de que a manutenção de um traço seja fruto da ação da seleção natural. Traços podem ser mantidos porque as variações fenotípicas não foram produzidas ou ainda porque as variações foram eliminadas por fatores acidentais, e não pela seleção natural. Isso é um problema para a concepção de função que sustenta que as funções são disposições e poderes que explicam a manutenção de um traço num contexto seletivo. Se o traço não for mantido por seleção natural, não se trata de uma função. O problema está em determinar até onde a seleção natural responde pela geração e manutenção do traço. Muitas são as dificuldades para se obter informações sobre as condições exigidas para se sustentar a hipótese da seleção natural, bem como para mostrar as variações hereditárias e suas diferenças em termos de aptidão.

No entanto, enquanto as pesquisas que seguem a linha histórica de interpretação do conceito de função procuram resolver as dificuldades que surgem a partir de novos contra-exemplos apresentados, outra linha de interpretação, firmemente defendida por Cummins, apóia a eliminação do sentido teleológico da função. De acordo com essa segunda linha, esse tipo de explicação somente valeria para os casos em que se considera o modelo da ação deliberada, intencional, mas não funcionaria para os casos de função em biologia. Segundo Cummins, o poder explicativo da função está na avaliação de sua contribuição para o sistema da qual faz parte, não sendo relevante para sua compreensão a informação sobre sua origem. Seu argumento é que a explicação teleológica equivoca-se ao interpretar a teoria evolutiva. Ele cita o exemplo dos vacúolos contráteis que estariam presentes em protistas marinhos e de água doce. A presença desses vacúolos nos distintos grupos explica-se por motivos distintos. Por isso, não se pode explicar esse fato pelo que elas fazem. Nos protistas de água doce, os vacúolos contráteis servem para eliminar o excesso de água, e nos de água salgada não. Para Cummins, o que o organismo faz é determinado pelo plano genético característico de sua espécie. Esse plano não é determinado nem alterado pela seleção natural, mas por mutação e recombinação. Se elas forem benéficas, provavelmente resultam no aumento do número de organismos que as possuem numa dada população, e se forem prejudiciais, é provável que esse número regrida. Porém, tais mudanças não têm efeito no plano e, por conseqüência, não têm efeito na ocorrência do plano no organismo. A seleção natural não é, portanto, capaz de alterar ou interferir na sua natureza e não pode explicar por que certo traço, órgão ou comportamento está ali. Se a seleção é em algum sentido sensível ao efeito da função, não o é no sentido relevante para a concepção teleológica, pois ela não responde pela criação do traço, apenas pela sua manutenção.

Segundo Cummins, assinalar a função de um traço é mostrar qual é a sua capacidade em relação ao sistema em que está inserido, sem levar em conta considerações evolutivas. Um coração funciona como uma bomba, sua função é bombear o sangue e não produzir ruídos, porque é isso que ele é capaz de realizar quando se considera o papel que lhe cabe em relação ao sistema circulatório ao qual pertence. Explicar uma função não é fornecer a razão pela qual um traço, órgão, sistema ou comportamento existe no organismo considerado.

Essas críticas não são consideradas inteiramente justas por aqueles que pensam que a seleção natural tem mais do que um papel puramente negativo, não-criativo, no processo evolutivo. Pode-se sustentar, por exemplo, que é possível explicar a existência de um traço atual em certo organismo por meio de sua função, desde que ela tenha feito diferença em termos de sobrevivência e reprodução entre os ancestrais que o possuíam. Os defensores da concepção teleológica de função acreditam haver uma estreita relação entre função e projeto (design). A pressão seletiva agindo por um tempo evolutivamente significativo teria como resultado a formação de uma função. Desse modo, a seleção natural pode ser responsável tanto pela presença original de um traço nos organismos de uma população, desde que se entenda por presença original não a mutação, mas o processo que culmina com a fixação inicial do traço nos membros de uma dada população, quanto por sua manutenção. Desse ponto de vista, se a fixação originária e a manutenção posterior do traço por meio da seleção natural estiverem de fato relacionadas com a função que esse traço cumpre no organismo, haveria de algum modo um papel criativo na ação da seleção natural e poder-se-ia explicar a existência e manutenção desse traço por meio da função que ele exerce.

Pode-se considerar que essas duas concepções do conceito de função em biologia, a saber, a concepção teleológica e a não-teleológica, embora sejam distintas, são compatíveis. Há tentativas de unificação, porém talvez o mais prudente seja considerar que cada uma delas produz um tipo de explicação específica e, por isso, estariam associadas a campos de aplicação distintos. A explicação teleológica seria útil, por exemplo, na ecologia comportamental, quando se considera que questões relacionadas com a evolução e a seleção são relevantes, e a explicação não-teleológica seria mais apropriada para os campos de pesquisa, como o da fisiologia, que não leva em conta diretamente as questões de evolução e de seleção.

## Evolução e cognição

O estudo da evolução da cognição desenvolve-se hoje na confluência de várias áreas de pesquisa, como ecologia comportamental, psicologia, antropologia, ciência cognitiva e filosofia da mente. Esse campo de pesquisa surge quando se admite que a espécie humana tem origem evolutiva como qualquer outra e, por isso, sua competência cognitiva e desenvolvimento cultural, ainda que diferenciados e únicos, têm base biológica. Diversas questões são tratadas quando se estabelece a associação entre evolução, comportamento e cognição, envolvendo temas como a demarcação entre a cognição humana e a de outras espécies animais, o problema da relação entre cultura e biologia, o inato e o adquirido, o problema da atribuição de consciência e crenças a animais etc. Além de haver muitas questões, há também muitas linhas de pesquisa, bastante diferenciadas entre si, tratando do tema, porém só abordaremos brevemente algumas delas.

Saber se a capacidade de gerar conhecimento evoluiu, por si só, já é uma questão que provoca controvérsia, pois alguns filósofos vão frisar que ainda que ela tenha evoluído isso não seria relevante para a filosofia. De fato, o que está no centro da discussão é o conceito de adaptação. Quando se relaciona adaptação, comportamento e cognição, é difícil ver como o fato de ter evoluído pode ser irrelevante, porque a perspectiva evolucionista compreende a atividade cognitiva associada primeiramente às necessidades e às finalidades vinculadas ao processo de adaptação da espécie. Se a ação da seleção visou à sobrevivência e ao sucesso reprodutivo, a questão fundamental desse programa de investigação é averiguar o alcance e as limitações das estruturas que geram conhecimento acerca do mundo e de si próprias, avaliando e comparando a atividade cognitiva presente na espécie humana e nas outras espécies animais. Nosso sistema perceptivo, por exemplo, fornece um quadro do mundo exterior, e mesmo sendo falível, funciona bem e oferece informações sobre o mundo em que se desenvolveu e muito provavelmente não funcionaria eficientemente em qualquer ambiente possível. É verdade que a epistemologia tradicional muitas vezes não reconheceu a possibilidade de nossas faculdades cognitivas serem dependentes de fatores contingentes e, por isso, considera que funcionariam em qualquer mundo logicamente possível, porém, do ponto de vista naturalista, o mecanismo cognitivo humano desenvolveu-se para funcionar bem em certos ambientes e não poderia ser abstraído deles.

A relação entre adaptação e cognição, principalmente no que diz respeito à cognição humana, tem sido compreendida de diferentes modos, podendo considerar-se o comportamento como diretamente adaptativo ou os mecanismos que geram o comportamento como adaptativos ou ainda se questionar a própria compreensão do conceito de adaptação. Dois programas de pesquisas, o da sociobiologia e o da psicologia evolucionista, estão comprometidos com a visão de que as competências cognitivas e o comportamento da espécie humana são adaptações, sendo que o primeiro lida com as origens do comportamento social humano, e o segundo com os mecanismos psicológicos que resultam nos diversos tipos de comportamento.

A sociobiologia tem como marco o livro de Edward Wilson — *Sociobiologia. A nova síntese*, de 1975. Wilson a compreende como o estudo sistemático de base biológica do comportamento social, como as relações de parentesco, cooperação, comunicação etc. O comportamento deveria ser tratado como qualquer outro traço fenotípico, ou seja, sujeito à hereditariedade, apresentando diferença em aptidão (*fitness*) e, por isso, sujeito à seleção natural. Um dos pontos controversos da obra de Wilson é que ela não tratava apenas da evolução do comportamento social dos animais, como abelhas, pássaros e macacos, mas abordava, na última parte, com base em uma perspectiva adaptacionista, o comportamento humano. Um exemplo é a seleção sexual. Em muitas espécies de mamíferos, os papéis da fêmea e do macho evoluíram diferentemente. As fêmeas engravidam, têm os filhotes e amamentam, os machos não. Machos têm como risco a interferência de outros machos. Há assimetria, por isso diferentes estratégias comportamentais evoluíram. Isso explicaria por que machos tendem a ser mais promíscuos do que fêmeas. Raciocínios desse tipo aplicados à espécie humana provocaram acusações de reducionismo e determinismo biológico. Wilson procurou defender-se das acusações, dizendo que o reducionismo até certo ponto não é condenável, já que a ciência trabalha com reduções, na medida em que recorre a unidades elementares para explicar realidades complexas. Afirma também não defender o determinismo biológico, mas a interação entre gene e cultura. Não são os genes nem a cultura que definem a natureza humana, mas as regras epigenéticas, que são, segundo sua definição, regularidades hereditárias do desenvolvimento mental que predispõem a evolução cultural em uma direção e não em outra, e é por meio dessas regras epigenéticas que se estabelece a ligação entre gene e cultura.

A psicologia evolutiva é vista como um desdobramento da sociobiologia, sendo que ela se ocupa de estudos evolutivos sobre os mecanismos que produzem os comportamentos. Uma das obras centrais nessa linha de pesquisa é *The Adapted Mind. Evolutionary Psychology and the Generation of Culture*, editada por Jerome Barkow, Leda Cosmides e John Tooby, em 1992. De acordo com a psicologia evolutiva, as estruturas fenotípicas relacionadas com a cognição e o comportamento humanos evoluíram para responder a problemas adaptativos enfrentados por indivíduos da espécie ao longo de sua evolução, portanto, a seleção natural teria tido um papel fundamental, na medida em que é vista como o mecanismo capaz de explicar a formação de estruturas complexas, organizadas funcionalmente. Por isso, ela recusa o modelo generalista de arquitetura cognitiva humana e defende que a mente é fortemente modular, em que cada módulo responde a um tipo de problema adaptativo específico. A mente não poderia ter uma arquitetura geral, independente de conteúdo, porque esse modelo é fraco quando comparado com o modelo de circuitos especializados. Não existem problemas adaptativos gerais, por isso o modelo generalista não se concilia bem com a evolução. Desse modo, a mente é vista como um canivete suíço, composta por circuitos especializados relacionados a funções específicas. O que se tem a fazer é inferir, a partir da solução apresentada pela estrutura, qual o problema que ela resolve, considerando o contexto em que evoluiu. Exemplos de módulos seriam encontrados prioritariamente nos sistemas perceptivos e na linguagem, mas também nos raciocínios e mecanismos de aprendizado. A psicologia evolutiva considera equivocado contrapor-se instinto e raciocínio, porque diversos tipos de raciocínio se desenvolveram para resolver problemas adaptativos sem recorrer à consciência. São mecanismos reguladores que organizam o modo como adquirimos experiências, tomamos decisões e geramos conhecimento.

Outro programa de pesquisa que visa a tratar da evolução da cultura humana é a memética. O conceito de meme foi apresentado por Richard Dawkins em seu livro *O gene egoísta*, em que defende que a seleção natural atua no interesse dos genes, que são os replicadores. Os memes são apresentados como análogos dos genes, ou seja, como replicadores, só que no nível das idéias, tendo nossos cérebros como seus veículos. Eles teriam surgido a partir da evolução do cérebro, mas, uma vez formados, evoluiriam de forma independente, obedecendo ao esquema básico da evolução biológica por seleção natural: hereditariedade, variação e seleção. Desse modo, as culturas seriam formadas por essas unidades capazes de competir e de se replicar, formando linhagens, na medida em que são transmitidos de uma mente a outra. A memética defende que a evolução cultural tem autonomia em relação ao processo de evolução biológica, mas que essa última serve de modelo para a compreensão da evolução da cultura. Daniel Dennett, por exemplo, afirma que a consciência humana é um grande complexo de memes e que a memética deve ser levada em conta no entendimento da evolução da mente humana.

No entanto, o estudo da cultura humana sob a ótica da evolução desenvolve-se hoje no programa de pesquisa que trata da co-evolução gene-cultura. Os antropólogos Robert Boyd e Peter Richerson, que se dedicam ao estudo da evolução humana, acreditam que o que ocorre é uma co-evolução gene-cultura, em que a cultura não está sob o controle do gene, pois ambos interagem. Embora a cultura não seja exclusividade da espécie humana, o seu caráter cumulativo é uma especificidade da nossa espécie. Em sua obra *The origin and evolution of cultures*, os autores assinalam alguns pontos que norteiam esse programa de pesquisa: (1) sendo a cultura a informação adquirida socialmente por meio de aprendizado e imitação, não se poderia recorrer a genes e fatores ambientais para dar conta das diferenças culturais existentes nas populações humanas; (2) é adequado interpretar-se o processo de transformação e de acumulação cultural, em que há variantes culturais que permanecem e outras que desaparecem, recorrendo-se a um modelo de evolução darwinista; (3) que a cultura é parte da biologia, pois se, por um lado, é a biologia que fornece os pré-requisitos para se adquirir cultura, por outro lado, é a cultura que cria o ambiente em que ocorre a evolução genética humana.

Quando o tema é a relação entre evolução e cognição, lidamos com programas interdisciplinares. Podemos considerar que a sociobiologia é um programa de pesquisa inserido principalmente no campo da biologia, a psicologia evolutiva no campo da psicologia e a memética seria um campo novo de pesquisa em filosofia da biologia. No entanto, a idéia de que a mente evoluiu tem implicações maiores no campo da filosofia, principalmente na filosofia da mente. Um exemplo de programa de pesquisa que trata da relação entre evolução e cognição, sendo de natureza mais filosófica, é a teleossemântica. Muitos autores trabalham nessa linha, como Ruth Millikan, David Papineau, Karen Neander, Fred Dretske, entre outros. Além disso, há autores que possuem trajetórias mais independentes, como Daniel Dennett, e há muitos outros desenvolvendo pesquisas a partir de uma crítica da herança da sociobiologia, da psicologia evolutiva e mesmo da teleossemântica. Parece-nos ser o caso das pesquisas conduzidas por Peter Godfrey-Smith e Kim Sterelny.

A teleossemântica é um programa de pesquisa que se guia pela consideração de que a mente evoluiu e de que ela é uma adaptação, pois teria havido pressão seletiva de modo a habilitar os organismos a lidarem com seu ambiente. Supõe-se que a natureza, através do processo de evolução, desenvolveu sistemas de representação, estabelecendo uma dependência entre o que acontece internamente no animal e o que acontece fora, tendo em vista sua sobrevivência e reprodução. Esse programa trata da representação associando-a ao conceito de função biológica e entende que a capacidade de representar algo não evoluiu de modo distinto da evolução de outros sistemas orgânicos. Ter uma função é aquilo que algo está destinado a fazer, para o qual foi concebido ou gerado. Portanto, para haver representação não basta haver correlação informacional entre um determinado estado interno e outro estado do ambiente, para que algo seja uma representação é preciso que tenha função de representar, de carregar a informação. Por exemplo, a fumaça de uma chaminé carrega informação sobre a velocidade do vento, porém essa não é sua função.

Existem funções que são adquiridas naturalmente e que se distinguem das funções convencionais que são derivadas das intenções ou dos propósitos de um agente humano. As funções naturais, relativas ao funcionamento de órgãos, mecanismos e comportamentos, foram geradas sem que houvesse um agente; elas se formaram por meio da história evolutiva e teriam como causa principal a seleção natural. Um certo traço, como um comportamento, evoluiu porque teria havido seleção para ele em razão do benefício trazido por tal função, em termos adaptativos, para o organismo. Por exemplo, a capacidade de representar um predador com o recurso da percepção auditiva e visual provavelmente evoluiu em várias espécies animais por essas razões.

Para essa perspectiva teleossemântica, as funções naturais são necessárias também para explicar a capacidade de representar que ocorre no processo de aprendizado através da experiência individual em muitas espécies animais. É o caso de um animal que passa a evitar certo alimento por ter tido experiências desagradáveis após sua ingestão. Em ambos os casos, o comportamento atual do organismo é explicado pela história que dá conta do propósito de sua existência e de sua manutenção, a história filogenética no primeiro exemplo e a história ontogenética no segundo.

Muitos autores desenvolvem pesquisas que compartilham as teses básicas da teleossemântica. Um deles é o filósofo Fred Dretske, que considera ser a função de toda representação a indicação, a veiculação de informação. Há, para ele, uma estreita relação entre qualquer sistema de representação e a indicação, pois todo sistema representacional tem a função de indicar como as coisas se passam em outro domínio com o qual está relacionado. A indicação não é uma relação entre coisas, mas entre estados de coisas, referindo-se, principalmente, a uma condição do mundo ou do ambiente local. O que a caracteriza é a relação de dependência existente entre esses estados de coisas, pois um sistema representativo não estaria na condição em que está sem que o mundo se apresentasse de certa forma; então, esse estado do sistema indica aquela condição do mundo.

Animais apresentam relações de indicação com o ambiente para atividades vitais como adquirir alimento, evitar predadores e encontrar parceiro. A natureza, através do processo de evolução, desenvolveu esses sistemas de indicação não apenas nos animais, mas também nos vegetais. Nos animais, os sentidos são o modo pelo qual se estabeleceu uma dependência entre o que acontece internamente no animal e o que acontece fora. As habilidades sensitivas evoluíram exatamente por causa de sua capacidade de informar sobre o ambiente. Um exemplo que ficou conhecido é o das bactérias marinhas que têm magnetos, ímãs internos que funcionam como bússolas alinhando-os ao campo magnético da terra. Esses indicadores orientam o deslocamento das bactérias para as águas mais profundas onde há menos oxigênio, condição boa para sua sobrevivência. A função desse sistema sensório primitivo é o de indicar onde se encontram as condições boas para essas bactérias, no caso, as condições anaeróbicas da água. Sistemas desse tipo seriam sistemas de representação natural.

Segundo Dretske, os comportamentos instintivos são frutos de mecanismos que se desenvolveram, provavelmente, por seleção natural através de muitas gerações graças aos benefícios que trouxeram aos seres em que ocorrem.

As plantas também usam seus mecanismos representativos para regular o próprio comportamento, ainda que sem intencionalidade, como puro mecanismo. É o caso de certa planta que altera sua cor de vermelho para branco em função dos polinizadores. Os beija-flores são atraídos na primavera por flores vermelhas e migram no fim dessa estação. Restam, então, as mariposas, que preferem as flores brancas. Há um mecanismo nessa espécie de planta que detecta a alteração da estação e desencadeia a alteração da cor. É um tipo de "relógio botânico", que representa de forma acurada uma variação, a registra e modifica seu comportamento. Esse processo muito provavelmente favoreceu sua polinização ao longo do tempo em que o mecanismo se fixou. O que não existe, no caso das plantas, é um agente intencional que apreenda o sentido do que está sendo representado.

Para Dretske, a função de indicação que surge com os sistemas naturais é o eixo de sustentação dos modos de representação verdadeiros e mais sofisticados, presentes nos indivíduos capazes de aprender. Mesmo nos processos cognitivos genuínos de representação, originados por meio de aprendizado, em que se pode falar propriamente de crenças, há uma parte que tem papel causal e que responde pela propriedade indicadora que carrega informação. Um estado interno torna-se uma crença quando a componente de seu poder indicativo natural, seu conteúdo semântico, adquire relevância explicativa. Então, uma crença é um indicador cujo sentido natural foi convertido em uma forma não natural, na medida em que ela passou a ter a tarefa de explicar certa ação ou comportamento.

É apenas no caso dos animais que podemos falar de representação no sentido próprio do termo, que podemos falar de conceito ainda que numa dimensão não-lingüística. Portanto, a condição para haver representação é o aprendizado, ou seja, a ruptura com os mecanismos automáticos. Por exemplo, um pássaro que, por acaso, se alimente de uma espécie de borboleta, produtora de um leite tóxico capaz de lhe causar vômitos, depois de uma ou mais experiências desagradáveis ao se alimentar dessa borboleta, vai passar a evitá-las. Porém, se houver outra espécie que simula as cores da primeira borboleta, o pássaro evitará comê-la também. A explicação é que se formou uma representação interna que passou a ser utilizada em outras experiências. Nada de semelhante ocorre no caso dos instrumentos, das plantas ou das bactérias, porque seus mecanismos não se alteram com a experiência. No caso das plantas, até pode haver alteração ao longo das gerações, mas não se trata de aprendizado, que só ocorre no indivíduo. Já no caso dos animais, algo se formou e passou a controlar o seu comportamento, e isso é representação no sentido próprio, não apenas porque explica causalmente o comportamento da ave, mas porque tem um sentido e é esse que explica o poder causal da representação. A capacidade de aprender é suficiente para caracterizar a apreensão de um conceito e, por mais rudimentar que seja, é suficiente para sustentar a existência de crença.

Para Dretske, a indicação está presente na relação que os seres vivos mantêm com o mundo exterior e essa seria a única solução possível para o "problema do projeto" (*the design problem*), quando se considera que as espécies, em vez de terem sido criadas, evoluíram e tiveram de ser supridas com algum tipo de mecanismo que fosse sensível à presença ou à ausência de uma condição F.

A teleossemântica não é a única via pela qual são conduzidas pesquisas sobre a evolução da cognição. A dependência que Dretske estabelece entre representação natural e indicação é questionada por vários autores. Há casos em que o organismo não quer o indicador, nem o melhor disponível, mas quer mesmo a correlação fraca, por ser ela mais adaptativa. Trata-se dos "falsos positivos", em que se produz uma representação na ausência de coisa representada, e dos "falsos negativos", em que não se produz a representação ainda que se tenha a presença da coisa representada. Um exemplo de falso positivo é o caso da representação de um predador feita por um coelho. Esse representa raposa muitas vezes em que não há raposa nenhuma. A explicação é que um coelho que representa uma raposa quando não há raposa perde pouco, mas um coelho que não representa a raposa quando há uma raposa perde tudo. Então, pode ser uma função do coelho representar raposas, mas não indicar raposas, já que um movimento suspeito poderia ter sido provocado por outro animal, e, nesse caso, o movimento indica esse animal, mas a representação é de raposa. Desse modo, muitos detectores de predador ou de presa usam mecanismos de baixa confiabilidade, pois seria mais adaptativo deflagrar comportamentos de ataque ou de fuga com grande freqüência do que desenvolver sistemas de detecção de alta confiabilidade.

Embora seja mais raro do que um falso positivo, o falso negativo também pode ser benéfico evolutivamente e ocorrer na natureza. Um exemplo é o de uma fêmea que, às vezes, evita copular com o macho apropriado. A explicação é que o custo de copular com um macho de outra espécie e gerar uma prole infértil é muito maior do que deixar passar, por causa de um falso negativo, um macho apropriado.

Ainda que se questione se o conceito de indicação é adequado para lidar com explicações sobre a função do conhecimento na natureza e sobre adaptação, muitos filósofos não propõem o abandono do conceito de representação. Apenas consideram que esse deve ser tratado sem se recorrer ao conceito de indicação.

## Evolução e moral

Uma das teses mais controvertidas entre os filósofos da biologia é a que afirma existir uma estreita relação entre moral e evolução. Ela se baseia, fundamentalmente, na compreensão de que o homem é uma espécie natural como qualquer outra e, sendo assim, para explicar a origem de suas habilidades, é necessário utilizar-se apenas a sua história natural, ou seja, o processo de hominização. Só o processo evolutivo daria conta de uma explicação teórica sobre a origem e a formação das competências da espécie humana.

Em geral, a tese evolucionista sustenta que os últimos cinco milhões de anos foram fundamentais para o desenvolvimento das habilidades humanas, sejam cognitivas ou práticas, e que a história biológica teria continuado a exercer influência a despeito de ter-se iniciado a história cultural da espécie.

Com isso, haveria muitos elos entre a espécie humana e as outras espécies animais e, embora em outros domínios, como, por exemplo, o da vida social, da inteligência e da linguagem, já se aceite a influência da biologia evolutiva, com relação ao campo da moral, a resistência a essa aceitação é muito forte. Apesar disso, alguns filósofos da biologia estão certos de haver uma relação bastante estreita entre moral e evolução. Eles sustentam que uma investigação empírica baseada na teoria da evolução pode esclarecer a natureza da moralidade, sendo capaz, inclusive, de fornecer justificação para algumas de nossas normas morais. Essa concepção de moral recebeu severas críticas, em parte porque a moral é, freqüentemente, compreendida como a expressão máxima da indeterminação e da independência do homem em relação ao resto da natureza, evidenciando a capacidade da espécie humana de se autodeterminar, algo jamais alcançado por outra espécie animal.

Acusa-se, muitas vezes, a concepção evolucionista da moral de estar comprometida com o determinismo biológico. Entende-se, em geral, que o determinismo biológico é a determinação do comportamento de um indivíduo por meio de fatores biológicos ou genéticos sem possibilidade de ser alterado por fatores ambientais.

Quando se pensa o domínio da natureza como o do determinismo, torna-se problemático associar moral e evolução. Rousseau advertiu-nos sobre as nefastas conseqüências da naturalização dos valores. Ele afirmou que a primeira condição para vencermos a desigualdade é não naturalizá-la, pois se fundarmos os valores na natureza, estaremos obrigados a viver de acordo com eles. Seu esforço foi mostrar que são os homens que projetam na natureza as qualidades e os valores que advêm da forma particular de organização de sua sociedade a fim de torná-los permanentes e verdadeiros. Também se associou, freqüentemente, ao conceito de natureza o conceito de imutabilidade, de modo que não seria possível mudar o que é da natureza; ao menos, isso seria o mais difícil de ser mudado. Além disso, as mudanças, desse ponto de vista, resultariam em formas de corrupção, provocando alterações consideradas ruins, que trariam ruína e dor, já que seriam anômalas.

Desse modo, se a natureza for concebida como o reino da necessidade e do imutável, então toda ação natural dos seres vivos tem de ser compreendida sob o signo do instinto, já que a ação instintiva é compreendida como aquela que segue regras definidas pela natureza sem ou com pouca margem para variação. É famosa a passagem de Rousseau que diz que um pombo morreria de fome perto de um prato cheio das melhores carnes da mesma forma que um gato sobre um monte de frutas ou sementes.

Se o conceito de natureza implica o de determinismo, conclui-se que ou o homem está sujeito ao determinismo ou tem de ser pensado a partir de outra instância que seja separada e até oposta ao reino da natureza. Esse domínio foi denominado liberdade, que passou a ser considerada a característica específica do homem. A partir de então, estabeleceu-se uma ruptura profunda entre o reino da natureza e o da liberdade, fazendo com que um praticamente se definisse em oposição ao outro, mesmo não havendo contradição entre eles.

É ainda no interior dessa tradição que encontramos a relação entre a natureza e o egoísmo, associando-se à natureza a necessidade de buscar a conservação e o bem de si. Desse ponto de vista, a ação mais natural é a que põe em primeiro lugar o interesse próprio. No mundo natural, essa tendência seria controlada pelas rígidas regras do instinto, que regeriam o relacionamento entre os indivíduos de uma mesma espécie, bem como os de espécies diferentes. No caso da vida humana, teria sido necessário romper o estado natural para que se efetivasse sua natureza social. E uma vez instaladas as relações sociais, a influência das inclinações ou das tendências naturais passa a ser considerada muitas vezes indesejável, por resultar em ações egoístas, voltadas para o interesse do indivíduo. Desse modo, a ação moral é vista como o contrário da ação voltada apenas para o interesse próprio, que não leva em conta o outro. Na medida em que normas e valores são necessariamente universais e dizem respeito às relações dos indivíduos, levar em consideração o interesse do outro é inevitável, e a ação moral se define de alguma forma como ação não-egoísta. É por isso que a natureza não poderia responder pela ação moral, pois não haveria verdadeiramente altruísmo na natureza e lutar contra o egoísmo muitas vezes foi pensado como lutar contra a tendência natural de agir egoisticamente.

O evolucionismo transforma em profundidade a concepção de natureza que herdamos dessa tradição e é apenas a partir dessa nova compreensão de natureza que é possível se discutir a correlação entre moral e evolução. Quando o domínio da natureza não é pensado como sinônimo de determinismo, não é necessário mais se conceber outra instância que transcenda inteiramente o domínio na natureza para se dar conta de um comportamento não-determinista e inovador como o moral. Talvez seja uma importante contribuição do pensamento evolutivo considerar que a plasticidade do comportamento se produziu na natureza, e não apenas na espécie humana, mas também em outras espécies animais. Encontra-se particularmente entre os primatas uma grande inovação no comportamento social, ainda que nada se aproxime do que encontramos na espécie humana.

Segundo o evolucionismo, o altruísmo também estaria presente na natureza em várias espécies de animais, uma vez que se considera que para haver vida social é necessário haver algum tipo de cooperação entre os indivíduos e, com isso, algum grau de sacrifício do interesse próprio, sendo ele a raiz do comportamento moral.

Muitos filósofos discordam daqueles que vêem a moral como comportamento altruísta, pois a moral consistiria em um sistema normativo de exigências recíprocas e isso impediria qualquer coincidência entre esta e altruísmo, uma vez que, ao menos no que diz respeito ao altruísmo no mundo animal, não haveria nem normas nem exigências recíprocas. Assim, o altruísmo existente na natureza não seria considerado moral. Porém, nem todos os evolucionistas que defendem a associação entre moral e evolução estabelecem identificação entre os conceitos de altruísmo e moral, embora procurem relacioná-los. É verdade, para muitos evolucionistas, que qualquer norma moral implica o altruísmo e que esse conceito estaria relacionado com qualquer comportamento social, na medida em que designa um comportamento regido por regras de cooperação entre os indivíduos. E embora necessário, o altruísmo não seria suficiente para caracterizar o comportamento moral, cuja especificidade é formar sistemas normativos. Mesmo para os evolucionistas, o altruísmo humano não se confunde com o altruísmo biológico, que diz apenas que uma entidade é altruísta se ela se comporta de maneira a aumentar o bem-estar de outra entidade semelhante a sua própria custa e é egoísta quando o seu comportamento tem o efeito contrário. A questão é saber se existe alguma relação entre o altruísmo existente na natureza, o altruísmo biológico e o altruísmo humano que se efetiva no sistema moral.

Encontramos hoje diferentes posicionamentos sobre a relação entre moral e evolução. Há desde os que defendem que a moralidade é subproduto da cultura, tendo apenas uma relação indireta com a biologia, até os que acreditam na existência de um vínculo mais estreito e direto entre moral e evolução. É verdade que todos aceitam que o processo de evolução cultural foi acompanhado de uma diminuição do papel da evolução biológica; no entanto, é também aceito que a possibilidade de desenvolvimento da atividade cultural está assentada no processo evolutivo biológico da espécie e que, embora haja ruptura, ela não é total.

A primeira posição, por exemplo, é defendida por Francisco Ayala, para quem o comportamento moral presente na espécie humana é conseqüência do desenvolvimento de algumas competências da espécie, como a autoconsciência e o pensamento abstrato, originados a partir do processo evolutivo. Essas capacidades, embora condições necessárias, não seriam suficientes para explicar o comportamento moral e, por isso, não poderiam influir no que julgamos bom ou mau. A moral seria derivada exclusivamente da evolução cultural, e todo o conteúdo das normas e valores humanos seria produto da cultura e não da evolução biológica.

Ayala não nega que existam predisposições biológicas para a espécie humana, como há em outras espécies animais, porém acredita que não há como se estabelecer um vínculo direto entre elas e o comportamento moral. Deve-se considerar a existência de exemplos de normas e valores morais que não favorecem a reprodução e, às vezes, nem a sobrevivência dos indivíduos. É claro que a contraposição entre as predisposições biológicas e os valores morais só pode se dar dentro de certos limites, pois a inversão total de nossas predisposições não seria possível, já que inviabilizaria a própria sobrevivência da espécie. Porém, esse seria apenas o limite último e não poderia contar a favor da tese que procura sustentar que o conteúdo das normas morais tem sua raiz no processo evolutivo da espécie. Assim, mesmo que, em geral, valores e normas sejam mais ou menos consistentes com as disposições biológicas da espécie, isso não seria suficiente para se afirmar que a moral é fruto do processo adaptativo direto, mas decorrência de outras competências que seriam originadas diretamente do processo evolutivo.

Haveria uma certa fronteira no processo evolutivo da inteligência humana que, quando foi ultrapassada, criou as condições necessárias e suficientes para a emergência da moral. Ela seria determinada por três características que, juntas, explicariam a existência desse comportamento: a primeira seria a habilidade para antecipar as conseqüências das ações e estaria relacionada com o raciocínio instrumental, que vincula os fins aos meios adequados à sua obtenção; a segunda se relacionaria com a habilidade de avaliar, ou seja, de perceber que certas coisas são mais desejáveis do que outras; e a terceira, a habilidade de escolher entre alternativas dadas, tendo em vista suas conseqüências. Ao determinar essas características, Ayala acredita ter assinalado tudo o que o biológico pode fornecer para a compreensão da moralidade. Como essas condições só se realizariam plenamente na espécie humana, não se poderia falar de comportamento moral ou protomoral em outros animais.

Embora seja um evolucionista, Ayala nega a existência de relação direta entre moral e evolução e, por conseqüência, nega também a existência de um vínculo entre o comportamento social presente nos animais e o comportamento moral específico da espécie humana. Ao assumir essa posição, Ayala evita os grandes problemas filosóficos que resultam do estabelecimento de vínculo direto entre moral e evolução e apresenta uma posição evolucionista que é compatível com uma compreensão estritamente filosófica da moral.

A segunda posição é sustentada por alguns filósofos da biologia como Michael Ruse, Richard Alexander, Robert Richards, entre outros. Ao defenderem a idéia de que a moral é fruto do desenvolvimento diferenciado do comportamento social animal, crêem poder estabelecer vínculo mais direto entre o processo evolutivo e o comportamento moral. A tese geral é a de que o comportamento moral está enraizado em nossa biologia e se relaciona com o comportamento social animal. Desse modo, o comportamento humano estaria em continuidade com o comportamento cooperativo animal, existente principalmente nas aves e nos mamíferos, e que foi denominado altruísta para caracterizar a relação dos indivíduos que vivem em sociedade. Como o altruísmo é a condição da vida social, a moral, que seria um tipo de vínculo social bastante sofisticado, seria um caminho a que o altruísmo biológico leva.

O altruísmo biológico é um conceito-chave para se compreender a tese da evolução da moral e significa que uma entidade é altruísta se ela se comporta de maneira a aumentar o bem-estar de outra entidade semelhante a sua própria custa. O comportamento egoísta tem exatamente o efeito contrário. Deve-se compreender por bem-estar as chances de sobrevivência e o sucesso reprodutivo. Essa definição é bastante diferente da que costumamos utilizar para pensar o egoísmo e o altruísmo humanos, por não levar em conta o motivo ou a intenção do agente, mas apenas o efeito da ação. Os animais, e até os vegetais, podem se comportar assim, já que não é preciso ter consciência da ação para que esta resulte em ação altruísta ou egoísta. É claro que não podemos falar ainda de ação moral; no entanto, para muitos evolucionistas, a cooperação animal, bem como o conflito de interesses, está na base do comportamento social da espécie humana, e não somente dos animais.

A existência de comportamento altruísta na natureza já provocou muitas discussões, pois não é fácil explicar como teria ocorrido a seleção do comportamento altruísta, ou seja, como os genes dos indivíduos altruístas teriam se espalhado numa população, já que ao ser altruísta o indivíduo está beneficiando o outro e não a si próprio, mesmo que no cômputo final o benefício seja do grupo. Em sua obra *Unto Others*, Elliott Sober e David Wilson apresentam uma explicação para o altruísmo por meio da seleção de grupo, mas, para grande parte dos evolucionistas, não há seleção de grupo ou pelo menos essa não é a principal forma de ação da seleção natural.

Desse modo, como não há dúvida de que existe altruísmo biológico na natureza, o problema seria mostrar que, de uma forma ou de outra, aqueles que o praticam são geneticamente beneficiados por esse ato em termos de sobrevivência e reprodução. Foi a partir dos estudos dos insetos sociais, como as abelhas e as formigas, que se chegou ao esclarecimento do vínculo existente entre interesse genético e comportamento altruísta. Entre esses animais, há indivíduos estéreis que se ocupam em cuidar da rainha fértil e das irmãs em vez de produzir sua própria prole. Aparentemente, os genes dos indivíduos que apresentam esse tipo de comportamento deveriam desaparecer com a morte deles; no entanto, não é isso que ocorre. O biólogo Hamilton conseguiu explicar esse comportamento. Ao cuidar de suas irmãs, os indivíduos estéreis estão, na verdade, garantindo a perpetuação de seus genes. O fato de os machos dessas espécies serem haplóides, já que são desenvolvidos a partir de um ovo não fecundado, e de as fêmeas serem diplóides faz com que as irmãs compartilhem 75% dos genes, 25% da mãe e 50% do pai, enquanto se os indivíduos estéreis tivessem sua própria prole, essa compartilharia 50% dos genes com sua mãe. Então, cuidar das irmãs em vez de ter seus próprios filhos é geneticamente vantajoso. Esse tipo de altruísmo é denominado altruísmo de parentesco e existe apenas entre indivíduos que compartilham genes. O prejuízo que um indivíduo pode sofrer é geneticamente compensado pela sobrevivência e reprodução de parentes diretos. Às vezes o custo é alto e implica a perda da própria vida, mas do ponto de vista genético o importante é que os descendentes sobrevivam. É por meio desse tipo de comportamento altruísta que se explica, por exemplo, o cuidado das mães com seus filhos.

O altruísmo biológico, portanto, não contradiz o principal, ou um dos principais, mecanismo do processo evolutivo — a seleção natural. Podemos dizer que por trás do comportamento altruísta biológico está o interesse genético; em outras palavras, o egoísmo dos genes.

O segundo tipo é o altruísmo recíproco, que diz respeito à existência de cooperação entre indivíduos sem haver compartilhamento de genes. Esse tipo de relação social pode ocorrer entre indivíduos da mesma espécie ou de espécies diferentes e não apenas entre parentes. Trata-se de uma relação mais frágil do que a do altruísmo de parentesco, já que depende da relação de confiança que se estabelece entre os indivíduos. A simbiose de limpeza entre os peixes, o compartilhamento de alimento entre morcegos, a troca de limpeza entre primatas e o aviso de perigo emitido por certas aves em benefício do grupo são alguns exemplos de reciprocidade existentes na natureza. Essas relações de cooperação são bastante variáveis e podem ser bem estreitas quando ocorrem entre indivíduos que convivem muito proximamente ou mais indiretas quando se coopera, a princípio, na expectativa de que o outro também coopere em um momento de necessidade. O que caracteriza o altruísmo recíproco é que sempre requer um retorno na cooperação. Ele surgiria porque, no resultado final, o custo do investimento individual na reciprocidade é menor do que o benefício recebido de volta. Trata-se de uma troca e, nesse sentido, é fundamentalmente distinto do altruísmo de parentesco, que não requer troca alguma. Ambos estariam presentes em todos os animais, logo, também estariam presentes na espécie humana.

Segundo Alexander, a relação de reciprocidade indireta teria evoluído para um tipo de altruísmo indiscriminado que explicaria o surgimento do comportamento moral. O altruísmo indiscriminado teria evoluído porque apresenta a vantagem de produzir uma forte unidade social. O senso moral leva necessariamente em conta o interesse do outro e, na realidade, se esses interesses não entrassem em conflito, a moral não teria se desenvolvido, pois não seria necessária. Desse modo, a tese fundamental é a de que o comportamento moral tem origem biológica, se desenvolveu a partir do altruísmo recíproco e de que, portanto, houve vantagem evolutiva para seu surgimento em termos de sobrevivência e reprodução.

A tese da evolução da moral é bastante controversa. Alguns filósofos desenvolvem severas críticas à idéia de que a moral evoluiu e acreditam, por exemplo, que a biologia, na verdade, não tem nada de importante para nos dizer acerca da moralidade. Ela até poderia fornecer informações sobre as motivações iniciais de nosso comportamento, mas, por incluir crítica e justificação, a moral não se reduziria a um comportamento. Por um lado, o relato evolucionista não seria relevante para a compreensão da moral; por outro, ele seria até prejudicial, já que enfraquece a confiança que temos na razão. Nesse sentido, teríamos de encontrar justificações que fossem independentes das explicações evolucionistas. Seria necessário haver uma base independente para justificar as crenças que temos na validade das normas. O problema com a concepção evolucionista é que ela ameaçaria a necessidade das normas, tornando-as contingentes.

É verdade que toda norma moral requer justificação e que não é possível reduzir o problema da moral ao problema de comportamento, pois ela seria objeto da etologia e teria pouca importância filosófica, mas não seria correto opor a questão comportamental à questão teórica que nos obriga a escolher entre as duas possibilidades. A concepção evolucionista da moral é uma teoria que se baseia nas ciências naturais, mas que tem implicações filosóficas. Em tal sentido, ela promove a interação entre dois domínios da atividade cognitiva humana, o empírico e o racional, e não a sua oposição. É provável que o evolucionismo esteja certo ao afirmar que a moral é um comportamento que evoluiu ao longo de milhares de anos como forma única de estabelecer vínculos sociais de cooperação. Porém, os críticos do evolucionismo têm razão quando dizem que fazer da moral a expressão das inclinações emocionais da espécie faz desaparecer o que existe de específico no comportamento moral. Então, é preciso considerar que há uma dimensão teórica da moral, mas isso não nega necessariamente a tese do evolucionismo, apenas indica que a dimensão teórica não se descola da dimensão comportamental, pois é como comportamento que ela se iniciou e é como comportamento que ela se realiza.

# Leituras recomendadas

## 1. Filosofia da biologia em geral

BRZEZINSKI, Maria Alice Prestes, Lílian A.P. Martins e Waldir Stefano (eds.). *Filosofia e história da biologia 1. Seleção de trabalhos do IV Encontro de Filosofia e História da Biologia*. São Paulo, MackPesquisa, 2006. O livro reúne artigos de pesquisadores brasileiros sobre filosofia e história da biologia apresentados no IV Encontro da ABFHIB.

EL-HANI, Charbel e Antonio Augusto P. Videira (eds.). *O que é vida? Para entender a biologia do século XXI*. Rio de Janeiro, Relume Dumará, 2000. O livro reúne artigos de pesquisadores brasileiros sobre a compreensão biológica e filosófica da vida.

HULL, David e Michael Ruse (eds.). *The Philosophy of Biology*. Oxford, Oxford Univ. Press, 1998. Trata-se de excelente coletânea de artigos de autores de importância reconhecida sobre diversos temas em filosofia da biologia, como adaptação, unidade de seleção, espécie, função, desenvolvimento, ética, evolução da cultura, psicologia evolutiva, criacionismo etc.

MARTINEZ, Sergio e Ana Bahahona (eds.). *Historia y explicación en biología*. México, Fondo de Cultura Económica, 1998. O livro apresenta artigos sobre temas relacionados à ciência da biologia, como a natureza da explicação em biologia, o problema do reducionismo e a teleologia.

MARTINS, Lílian, Anna Regner e Pablo Lorenzano (eds.). *Ciências da vida: estudos filosóficos e históricos.* Campinas, AFHIC, 2006. O livro reúne textos sobre temas relacionados à filosofia da biologia e à história da biologia.

ROSAS, Alejandro L. *Filosofía, darwinismo y evolución.* Bogotá, Universidad Nacional de Colombia, 2007. O livro reúne artigos de pesquisadores latino-americanos sobre evolução, cognição e moral.

SOBER, Elliott (ed.). *Conceptual Issues in Evolutionary Biology.* Cambridge, MIT Press, 2006. Outra excelente coletânea de artigos de autores de importância reconhecida sobre diversos temas em filosofia da biologia.

_______. *Philosophy of Biology.* Colorado, Westview, 2000. Excelente introdução à filosofia da biologia. O livro aborda de forma introdutória, porém rigorosa, temas fundamentais como evolução, adaptação, criacionismo, sistemática e unidade de seleção.

STERELNY, Kim e Paul Griffiths. *Sex and Death. An Introduction to Philosophy of Biology.* Chicago, University Chicago Press, 1999. O livro faz uma análise filosófica, relativamente complexa, de questões relacionadas com o desenvolvimento e o estatuto atual das idéias evolutivas.

## 2. Evolução e adaptação

DARWIN, Charles. *Origem das espécies.* Belo Horizonte, Villa Rica, 1994. Livro em que Darwin apresenta de modo sistemático sua teoria sobre a origem das espécies.

DAWKINS, Richard. *O gene egoísta*. Tradução de Geraldo H. Florsheim. Belo Horizonte, Itatiaia, 1979. Livro em que o autor desenvolve e argumenta a favor da visão da evolução centrada no gene e apresenta o conceito de meme (unidade de informação cultural que se propaga de uma mente para outra à semelhança dos genes).

DENNETT, Daniel. *A perigosa idéia de Darwin. A evolução e os significados da vida*. Rio de Janeiro, Rocco, 1998. Livro em que Dennett defende a perspectiva darwinista dos críticos e procura mostrar sua importância filosófica.

FUTUYMA, Douglas J. *Evolution*. Sunderland, Sinauer, 2005. O livro apresenta de forma aprofundada as diversas dimensões da evolução biológica.

LEWONTIN, Richard. *A tripla hélice. Gene, organismo e ambiente*. Tradução de José Viegas Filho. São Paulo, Companhia das Letras, 2002. Importante livro em que Lewontin reconsidera a relação entre organismo, genes e ambiente e apresenta uma crítica ao modelo adaptacionista.

MAYR, Ernst. *O desenvolvimento do pensamento biológico. Diversidade, evolução e herança*. Tradução de Ivo Martinazzo. Brasília, Ed. da Universidade de Brasília, 1998. O livro discute a natureza da biologia enquanto ciência e aborda historicamente temas fundamentais como a classificação biológica e a teoria da evolução.

MEYER, Diogo e Charbel El-Hani. *Evolução. O sentido da biologia*. São Paulo, Ed. da Unesp, 2005. Livro que introduz de forma clara e esclarecedora o debate atual sobre evolução biológica.

SALZANO, Francisco M. *Biologia, cultura e evolução*. Porto Alegre, Ed. da UFRGS, 1993. O livro trata de modo informativo, atual e rigoroso temas relacionados à evolução da vida em geral e do homem.

## 3. Indivíduo e níveis de seleção

BUSS, Leo. *The Evolution of Individuality*. Princeton, Princeton University Press, 1987. O livro contém ensaios importantes sobre a evolução do desenvolvimento e sobre a tese de múltiplos níveis de ação da seleção natural.

CHEDIAK, Karla. "O problema da individuação na biologia à luz da determinação da unidade de seleção natural", in *Scientia Studia*. 3(1), 2005, p.65-77. O artigo discute a relação entre os conceitos de unidade de seleção e de indivíduo.

HULL, David. "Individuality and selection", *Ann. Rev. Ecol. Syst.*, n.11, 1980, p.311-32. O artigo é referência obrigatória na discussão sobre níveis de seleção e indivíduo, estabelecendo a distinção entre replicador e interator.

MICHOD, Richard. "Evolution of the individual", in *The American Naturalist*. n.150, 1997, p.s5-s21. O artigo elucida a natureza hierárquica do mundo vivo e o processo de transição de um nível a outro.

SOBER, Elliott & David Sloan Wilson. *Unto Others. The Evolution and Psychology of Unselfish Behavior*. Harvard, Harvard University Press, 1998. Nessa obra, os autores defendem a seleção de grupo para a compreensão da evolução do altruísmo.

## 4. Função

Ariew, André, Robert Cummins e Mark Perlman. *Functions. New Essays in the Philosophy of Psychology and Biology.* Oxford, Oxford University Press, 2002. O livro reúne artigos recentes sobre a explicação funcional e põe em discussão a compreensão teleológica de função.

Caponi, Gustavo. "La distinción entre Biología Funcional y Biología Evolutiva como clave para la discusión del reduccionismo en ciencias de la vida", *Cad. Hist. Fil. Ci,* n.14 (1), 2004, p.119-57. O autor discute pormenorizadamente essa importante distinção.

Cummins, Robert. "Functional analysis", *The Journal of Philosophy*, n.72, 1975, p.741-65. O artigo critica a concepção anterior e fornece um novo sentido para o conceito de função em biologia.

Wright, Larry. "Functions", in *Philosophical Review.* n.82, 1973, p.139-168. Artigo que apresenta a concepção etiológica de função.

## 5. Evolução e cognição

Abrantes, Paulo. "A psicologia de senso comum em cenários para a evolução da mente humana", in *Manuscrito.* n.29 (1), 2006, p.185-257. Nesse artigo, o autor discute com profundidade o núcleo teórico e as principais implicações da concepção de Godfrey-Smith e Sterelny com relação à evolução da mente humana.

Boyd, Robert e Peter Richarson. *The origin and evolution of cultures.* Oxford, Oxford University Press, 2005. Uma importante análise evolutiva da cultura humana.

COSMIDES, Leda e John Tooby (eds.) *The Adapted Mind: Evolutionary Psychology and the Generation of Culture.* New York, Cambridge University Press, 1992. O livro traz importantes artigos sobre psicologia evolutiva.

DRETSKE, Fred. *Explaining Behavior. Reasons in a World of Causes.* Cambridge, MIT Press, 1995. Embora não trate diretamente do tema da evolução da cognição, o livro mostra a importância do conceito de evolução para questões relacionadas à filosofia da mente e para a proposta de naturalização da mente.

LALAND, Kevin e Gillian Brown. Sense & Nonsense. Evolutionary Perspectives on Human Behaviour. Oxford, Oxford University Press, 2004. O livro apresenta de forma sucinta as principais concepções que relacionam evolução, comportamento e cultura humanos, tais como sociobiologia, psicologia evolutiva, memética e co-evolução gene—cultura.

MATURANA, Humberto e Francisco Varela. *A árvore do conhecimento. As bases biológicas do conhecimento humano.* São Paulo, Editorial Psy II, 1995. O livro trata do conhecimento a partir dos conceitos de autopoiese e de deriva natural, formulados por esses autores.

STERELNY, Kim. *Thought in a Hostile World. The Evolution of Human Cognition.* Malden, Blackwell, 2003. O livro apresenta uma perspectiva inovadora da evolução da cognição humana, enfatizando o papel da psicologia do senso comum e da construção de nicho.

WAIZBORT, Ricardo. "Notas para uma aproximação entre o neodarwinismo e as ciências sociais", in *História, ciência, saúde-manguinhos*. n.12 (2), 2005, p.293-318. O artigo procura relacionar ciências sociais e biológicas a partir da psicologia evolucionista e da memética.

## 6. Ética

CHEDIAK, Karla. "O problema da falácia naturalista para o projeto de uma ética evolucionista", in *Kriterion*. n.67 (113), 2006, p.147-57. O artigo discute alguns argumentos que procuram responder ao problema da falácia naturalista a fim de defender a viabilidade de uma ética evolucionista.

ROSAS, Alejandro (ed.). "La moral y sus sombras: la racionalidad instrumental y la evolución de las normas de equidad", *Crítica. Revista hispanoamericana de Filosofía*, n.37 (110), 2005, p.79-104.

THOMPSON, Paul (ed.). *Issues in Evolutionary Ethics*. New York, State University of New York Press, 1995. O livro contém artigos sobre a relação entre evolução e moral de autores importantes como P. Kitcher, M. Ruse, R. Richards, F. Ayala, entre outros.

# Sobre o autor

Karla Chediak é doutora em filosofia pela Pontifícia Universidade Católica (PUC-RJ) e graduada em ciências biológicas pela Universidade Santa Úrsula. Atualmente, é professora adjunta de filosofia da Universidade do Estado do Rio de Janeiro (Uerj). Participa do Grupo de Pesquisa do CNPq em Filosofia da Biologia e é membro da Associação Brasileira de Filosofia e História da Biologia. Co-organizadora (juntamente com Antonio Augusto Passos Videira) do livro *Temas de filosofia da natureza* (Uerj, 2004), é também autora de vários artigos sobre filosofia da biologia em revistas especializadas.

## Coleção **PASSO-A-PASSO**

*Volumes recentes:*

CIÊNCIAS SOCIAIS PASSO-A-PASSO

**O negócio do social [40]**, Joana Angélica Barbosa Garcia

**Origens da linguagem [41]**, Bruna Franchetto e Yonne Leite

**Antropologia da criança [57]**, Clarice Cohn

**Patrimônio histórico e cultural [66]**, Pedro Paulo Funari e Sandra de Cássia Araújo Pelegrini

**Antropologia e imagem [68]**, Andréa Barbosa e Edgar T. da Cunha

**Antropologia da política [79]**, Karina Kuschnir

**Sociabilidade urbana [80]**, Heitor Frúgoli Jr.

**Pesquisando em arquivos [82]**, Celso Castro

**Cinema, televisão e história [86]**, Mônica Almeida Kornis

FILOSOFIA PASSO-A-PASSO

**Estética [63]**, Kathrin H. Rosenfield

**Filosofia da natureza [67]**, Márcia Gonçalves

**Hume [69]**, Leonardo S. Porto

**Hannah Arendt [73]**, Adriano Correia

**Schelling [74]**, Leonardo Alves Vieira

**Niilismo [77]**, Rossano Pecoraro

**Kierkegaard [78]**, Jorge Miranda de Almeida e Alvaro L.M. Valls

**Filosofia da biologia [81]**, Karla Chediak

**Ontologia [83]**, Susana de Castro

**John Stuart Mill & a liberdade [84]**, Mauro Cardoso Simões

**Filosofia da história [88]**, Rossano Pecoraro

**Teoria do conhecimento [91]**, Alberto Oliva

PSICANÁLISE PASSO-A-PASSO

**Psicanálise com crianças [75]**, Teresinha Costa

**Feminino/masculino [76]**, Maria Cristina Poli

**Cinema, imagem e psicanálise [85]**, Tania Rivera

**Trauma [87]**, Ana Maria Rudge

**Édipo [89]**, Teresinha Costa

**A psicose [90]**, Andréa M.C. Guerra

**A angústia [92]**, Sonia Leite

**Educação e psicanálise [93]**, Rinaldo Voltolini

**Os outros em Lacan [94]**, Antonio Quinet

**A paixão [95]**, Marcus André Vieira

**Histeria: o caso Dora [96]**, Nadiá Paulo Ferreira e Marcus Alexandre Motta